नरेन्द्र नाथ

नरेन्द्र नाथ का जन्म सन् 1942 में हुआ। दिल्ली विश्वविद्यालय और टोरंटो से इतिहास व राजनीतिशास्त्र पढ़ने के बाद उन्होंने सिराक्यूज़ विश्वविद्यालय से समाजशास्त्र में पी-एच.डी की। उनकी अभिरुचियों और लेखन का दायरा काफ़ी विविध रहा। उनके शोध का विषय जेंडर के परिप्रेक्ष्य में परिवार, शिक्षा व पाठ्यपुस्तकों का विश्लेषण करना था। उन्होंने बफ़लो (न्यूयॉर्क) के स्टेट यूनिवर्सिटी कॉलेज में समाजशास्त्र का अध्यापन किया। दूसरी ओर साहित्य मे गहरी दिलचस्पी होने के चलते उन्होंने पाकिस्तानी उर्दू शायरी के पाँच संकलन हिंदी मे प्रकाशित किए। सत्तर-अस्सी के दशक में दक्षिण एशिया के प्रवासियों के लिए टोरंटो से प्रसारित होने वाले वॉयस ऑफ़ इंडिया नामक चैनल के कार्यक्रम 'सोच-विचार' और 'ख़बर' का निर्माण किया और प्रस्तुति भी की। यह कार्यक्रम समाज, राजनीति व संस्कृति से जुड़े लोकरुचि के मुद्दों पर आधारित थे और अत्यंत लोकप्रिय रहे। उन्होंने दर्जनों किताबों और पत्रिकाओं के लिए अकादमिक लेखन किया।

उनकी प्रमुख कृतियाँ हैं—'नौ बरस' (उपन्यास), 'सेक्सिज़म इन इंडियन एजुकेशन : द लाइज़ वी टेल आवर चिल्ड्रन' (1979), 'पाकिस्तान से ताज़ा ग़ज़लें', 'फ्रॉम सेक्सिज़म टू एक्वॉलिटी : अ हैंडबुक ऑन हाऊ टू एलिमिनेट सेक्सिस्ट बायस फ्रॉम आवर टेक्स्टबुक्स' (1986), 'पाकिस्तानी उर्दू शायरी' (पाँच भाग)।

सन् 1998 में लंबी बीमारी के बाद उनका निधन हुआ।

पाकिस्तानी उर्दू शायरी

खंड-1

सम्पादक

नरेन्द्र नाथ

राधाकृष्ण पेपरबैक्स

पहला पुस्तकालय संस्करण
राधाकृष्ण प्रकाशन प्राइवेट लिमिटेड
1984 में प्रकाशित

राधाकृष्ण पेपरबैक्स में
पहला संस्करण : 2024

राधाकृष्ण पेपरबैक्स : उत्कृष्ट साहित्य के जनसुलभ संस्करण

राधाकृष्ण प्रकाशन प्रा. लि.
जी-17, जगतपुरी, दिल्ली-110 051
द्वारा प्रकाशित

शाखाएँ : अशोक राजपथ, साइंस़ कॉलेज के सामने, पटना-800 006
पहली मंजिल, दरबारी बिल्डिंग, महात्मा गांधी मार्ग, प्रयागराज-211 001
1, अनमोल सोराबजी सन्तुक लेन, धोबी तलाव, मरीन लाइंस, मुम्बई-400 002
वेबसाइट : www.radhakrishnaprakashan.com
ई-मेल : info@radhakrishnaprakashan.com

विकास कंप्यूटर एंड प्रिंटर्स
ट्रॉनिका सिटी-201 102
द्वारा मुद्रित

मूल्य : ₹250

PAKISTANI URDU SHAYARI (Vol. 1)
Edited by Narendranath

ISBN : 978-81-19989-36-2

प्राक्कथन

हालाँकि इस संकलन में केवल उर्दू रचनाएँ शामिल हैं, किंतु सन् सत्तर के बाद की पाकिस्तानी कविता में पश्तो, बलोची, सिंधी, पंजाबी की रचनाओं का स्तर और संख्या भी तेज़ी से उठे हैं। साथ ही बढ़ी है महिला लेखकों की तादाद। पचास साल पहले के उर्दू-जगत की तुलना में आज पाकिस्तानी साहित्यकारों में नई और प्रतिष्ठित महिलाओं की तादाद कहीं ज़्यादा है। मेरे तईं, महिलोपयोगी या पुरुषजनीन क़िस्म का विभाजन रेल-बस-अड्डों पर बिकने वाली विशिष्ट पत्रिकाओं पर लागू होता है, कविता पर नहीं। लेकिन यहाँ पाकिस्तानी कवयित्रियों का अलग से उल्लेख करना ज़रूरी है, क्योंकि उन्होंने शैली के परंपराबद्ध साँचे तोड़कर उन अनुभूतियों को काग़ज़ पर उतारा है जो दक़ियानूसी नज़रिये में अनकही और वर्जित रहीं। जैसे परवीन शाकिर का ये किशोरानुभूति चित्रण :

मैं क्यों उसको फ़ोन करूँ
उसके भी तो इल्म में होगा
कल शब मौसम की पहली बारिश थी

या मैं उसकी दस्तरस[1] में हूँ मगर वो
मुझे मेरी रज़ा[2] से माँगता है

और मैं सच कहूँगी मगर फिर भी हार जाऊँगी
वो झूट बोलेगा और लाजवाब कर देगा

एक ऐसा ही भाव अदा जाफ़री का है :

मैं आइने पे भला एतबार कैसे करूँ
मुझे तो सिर्फ़ उसी की निगह ने देखा है

---

1. पहुँच 2. इच्छा

परवीन शाकिर अगर उठती हुई उम्र के कच्चे जिंसी जज्बों की नक्काशी करती हैं तो किश्वर नाहीद पक्की उम्र की औरत के अरमानों का अनुवाद :

बदन का शह्र है सूना कहो चला आए
वो ख़्वाब बन के मुझे रात भर जगाए कभी

या फ़हमीदा रियाज, जो आजकल हिंदुस्तान में रह रही हैं, की बात कि :

तज़ईन-ए-लब-ओ-गेसू[1] कैसी, पिंदार[2] का शीशा टूट गया
थी जिसके लिए सब आराइश[3], उसने तो हमें देखा ही नहीं

और फ़ातमा हसन की कचोट :

ख़ुद तुमसे मिलने आई भी
और आ के बहुत पछताई भी

ये सारी अभिव्यक्तियाँ उस बदलते हुए सामाजिक परिवेश की तसवीरें हैं जहाँ औरत छज्जे पर बाल लटकाए किसी बाँके घुड़सवार का अहिल्या की तरह उनींदा इंतज़ार करने के बजाय छतें फलाँग कर पहल करने के बावजूद हार कर सोचती रह जाती है कि कहाँ क्या ग़लत हुआ जो गुलाब-स्पर्शों की गंध गुलबकावली तक पहुँचने से पहले ग्रीष्मावकाशों की गढ़ी में गल गई।

इस संकलन में बहुतायत ग़ज़लों, नज़्मों, गद्य कविताओं और फुटकर अशआरों की है। क़तआत, रुबाइयात कम हैं। मुझे इस संकलन के लिए सामग्री इकट्ठी करते वक़्त पहली बार पता चला कि आज के पाकिस्तानी शायर रुबाइयात और क़तआत कम लिख रहे हैं। ये हो सकता है कि पाकिस्तान में यहाँ से वहाँ तक बिखरी हुई चीज़ें जमा कर लेने के लिए जितना जतन होना चाहिए वो हम नहीं कर पाए। सो मुमकिन है कि कुछ अदीब कोनों-ख़ुदरों में क़तआत और रुबाइयात लिख रहे हों और हम उनकी रचनाएँ खोज न सके हों। लेकिन क़तआत और रुबाइयात शायद इसलिए भी कम लिखे जा रहे हैं, क्योंकि ये दोनों एजाज़-बयानी[4], फ़लसफ़ियाना नुक़्ता-आफ़रीनी[5] और पयम्बराना-लब-ओ-लहजा[6] माँगते हैं, जबकि आज

1. होंठों और बालों की सज्जा 2. अभिमान 3. सज्जा 4. व्याख्यान का चमत्कार 5. मर्म और बारीकियाँ समझना 6. अवतारों जैसा बात करने का ढंग

का शायर खुलकर खेलना चाहता है। वो उन सूक्तिधर्मा लेखकों का मुरीद नहीं जिन्हें वैदिक भारत में किसी सूत्र या श्लोक की एक मात्रा कम हो जाने पर पुत्र-जन्म जैसी प्रसन्नता होती थी। तंग ग़ज़ल छोड़कर तवील[1] नज़्मों की तरफ़ बहने को बेताब ये लेखक अपने तजुर्बे कैप्सूल-नुमा बयानों में कूट-कूटकर भरने की न वार रखता है, न मशक्कत उठाना चाहता है। रईस अमरोहवी जैसे लेखक, जिनका हाथ ग़ज़ल-नज़्म के साथ-साथ क़तआ पर भी सफ़ाई से चलता हो, बहुत कम हैं। सो ज़्यादातर कतआत साहित्यकारों की बजाय पत्रकार, अखबारों के लिए लिख रहे हैं।

सन् 1983 की अपनी पाकिस्तान यात्रा के दौरान मुझे बार-बार ये सुनने को मिला कि हिंदुस्तान के मुक़ाबले पाकिस्तान में सरकार के ख़िलाफ़ लिखना कहीं ज़्यादा मुश्किल है, क्योंकि हिंदुस्तान का कवि अगर खम ठोंककर सरकारी सेंसर को ललकारने की लीला के लटके ढूँढ़ रहा है, तो पाकिस्तानी शायर दबी ज़ुबान में हलकी साँसों से फूँक मार-मारकर संताप सुलगाने के संकेत। हिंदुस्तान में जो विद्रोह हैडलाइन बनाकर चस्पाँ किया जा सकता है, पाकिस्तान में उसी विद्रोह को किसी वर्गपहेली के गुप्तार्थों की तरह रचना में निहित करने की कला न हो तो क़लम और कवि दोनों फौजी बूटों के तले कुचले जाते हैं। हिंदुस्तान में बौद्धिक असहमति की क़ीमत उपेक्षा और समृद्ध याचकों की भीड़ से अलगाव है। पाकिस्तान में असहमति का अर्थ है नौकरी से बर्ख़ास्तगी, जेल के बाहर या अंदर कोड़ों की मार और फ़र्ज़ी आरोप लगाकर कचहरियों में धूल चटा देने वाले लंबे मुक़द्दमे। इस दमन को धता बताने के लिए आज का पाकिस्तानी लेखक अपनी बात खुल कर कहने की बजाय घुमा-फिराकर कहना सीख रहा है। चूँकि कविता की प्रेषणीयता चीखों के चटकारे से कहीं ज़्यादा श्लेष के शिगाफ़ से पैनी होती है, इसलिए कई पाकिस्तानी लेखकों का दावा है कि पाकिस्तान की उर्दू कविता पिछले दशक में हिंदुस्तान की कविता से आगे निकल गई है। हिंदुस्तानी लेखकों को आज़ादी है, सो उन्होंने अपने रचना-संसार को उघाड़ा है; पाकिस्तानी लेखक मुहरबंद माहौल में रहता है, सो उसने अपने तर्ज़-ए-बयाँ को तराशा है।

---

1. लम्बी

होना तो ये चाहिए था कि हर कवि से व्यक्तिगत संपर्क स्थापित करने के बाद उनके परिचय लिखे जाते। लेकिन देशांतर की वजह से ऐसा नहीं हो पाया। संपादकीय प्रतिक्रियाओं के अतिरिक्त शायरों की परिचय-टिप्पणियों में दी गई सूचनाओं का स्रोत अधिकांशत: प्रकाशित सामग्री है।

इस संकलन के कठिन उर्दू शब्दों-मुहावरों-वाक्यांशों का हिंदी अनुवाद देने की भरसक कोशिश की गई है। लेकिन जो पाठक उर्दू नहीं जानते, वे इसे पढ़ते वक़्त देवनागरी लिपि का कोई भी एक उर्दू-हिंदी कोश अपने पास रखें। कई शब्दों के विविधार्थ जानने पर ही कविता का सही आनन्द लिया जा सकता है।

इस संकलन के पाठकों को दो वर्गों में बाँटें तो एक तो वे लोग होंगे जो शायरी नियमित रूप से पढ़ते हैं और दूसरे वे जिनका उर्दू शायरी से परिचय कभी-कभार फ़िल्मी गीतों या पत्रिकाओं में उद्धृत इक्का-दुक्का रचनाओं से होता है। इस संकलन की कई रचनाएँ इस दूसरे वर्ग के सीमित ज्ञान को सामने रखकर चुनी गईं। इस निर्णय से उर्दू शायरी के नियमित पाठकों को जो हलका-सा दोहराव महसूस होगा उसके लिए हम क्षमाप्रार्थी तो नहीं, सहिष्णुतापेक्षी ज़रूर हैं।

मेरा शास्त्रीय उर्दूज्ञान, हिंदी और अँगरेजी के मुकाबले कम है। हिंदुस्तान में अब्दुल मुग़नी, पाकिस्तान में अफ़ज़ाल अहमद और ग़ाज़ी सलाहउद्दीन के सहयोग बिना ये पहला खंड तैयार होना असम्भव होता।

संपादक होने के नाते इस संकलन की कमियों का उत्तरदायित्व मुझ पर है। लेकिन चयन के दौरान मैं अकेला नहीं था। द्विजेन्द्र, मुकुल और A. के अलावा मेरे साथ थीं सेंट्रल-न्यूज़-एजेंसी के कॉरिडोर से शुरू हो कर तमाम दिल्ली पर फैल जाने वाली अगस्त, 83 की दोपहरें, जिनमें मैंने कई पुरानी कविताओं के नए मानी सीखे। मेरे अंदर आज तक थरथराती हुई उन दोपहरों की हलकी-सी भी आँच इस संकलन से लपककर आपको छू सकी तो अच्छा लगेगा।

दिल्ली, 1983

—नरेन्द्र नाथ

क्रम

अतहर नफ़ीस

नई ग़ज़ल के महत्त्वपूर्ण पाकिस्तानी शायर अतहर नफ़ीस का जन्म 22 फ़रवरी, 1933 को अलीगढ़, उत्तर प्रदेश में हुआ। अतहर ख़ालिस ग़ज़ल के शायर थे। आधुनिक और क्लासिक तत्त्वों से मिली-जुली उनकी शैली में जहाँ मीर का ख़स्ता लहजा है वहीं आज के जीवन की रेश-रेश तल्ख़ियाँ भी। इसीलिए उनकी ग़ज़लों का इश्क़ सामंतवादी भाषा में बतियाते हुए भी शहरी यंत्रीकरण की वेदना का वंशीधर है। अतहर की साफ़, शाइस्ता मगर रोज़मर्रा की ज़बान को हर पढ़ने वाला अपनी आवाज़ में उतार सकता है। ज़िया जालंधरी ने अतहर की ग़ज़ल में शोर कम शऊर ज़्यादा पाया। सहर अंसारी के लिए अतहर अहसास-ए-जमाल और जमाल-ए-अहसास के शायर हैं। मोहम्मद अली सिद्दीकी को लगता है कि अतहर अशआर के दरमियान ख़ाली सफ़ेद जगह में भी बहुत कुछ कह जाते हैं। बकौल मरहूम ख़लीलुर्रहमान आज़मी, अतहर नफ़ीस की नर्म और जानी-पहचानी आवाज़ एक ऐसे प्रतिबद्ध पर्यवेक्षक की प्रदीप्ति है जो राख से कीमिया और ज़ह्र से अमृत निकालने का हुनर जानती है।

47 साल की उम्र में 21 नवंबर, 1980 को अतहर नफ़ीस की मौत शह्र कराची में हुई। इंतिक़ाल के वक़्त उनका एक मजमूआ-ए-कलाम 'कलाम' के ही नाम से शाया हो चुका था। एक और संग्रह 'हम सूरतगर कुछ ख़्वाबों के' अधूरा रह गया। अतहर यारों का यार था। जब मरा तो बहुतों को, शायर से ज़्यादा, एक दोस्त के मरने का सदमा था।

ग़ज़ल

1

सुकूत-ए-शब[1] से इक नग़मा सुना है
वही कानों में अब तक गूँजता है

ग़नीमत है कि अपने ग़म-ज़दों[2] को
वो हुस्न-ए-ख़ुदनिगर[3] पहचानता है

जिसे खोकर बहुत मग़मूम[4] हूँ मैं
सुना है, उसका ग़म मुझसे सिवा है

कुछ ऐसे ग़म भी हैं जिनसे अभी तक
दिल-ए-ग़म-आशना[5], ना-आशना है

बहुत छोटे हैं मुझसे मेरे दुश्मन
जो मेरा दोस्त है मुझसे बड़ा है

मुझे हर आन कुछ बनना पड़ेगा
मेरी हर साँस मेरी इब्तदा[6] है

2

लम्हों के अज़ाब[7] सह रहा हूँ
मैं अपने वुजूद की सज़ा हूँ

---

1. रात की ख़ामोशी 2. दुखित 3. स्वार्थी प्रेमिका 4. दुखित 5. दुखी मन 6. प्रारंभ, 7. यातना

ज़ख़्मों के गुलाब खिल रहे हैं
ख़ुशबू के हुजूम में खड़ा हूँ

इस दश्त-ए-तलब[1] में इक मैं भी
सदियों की थकी हुई सदा हूँ

इस शह्र-ए-तरब[2] के शोर-ओ-ग़ुल में
तसवीर-ए-सुकूत[3] बन गया हूँ

बे-नाम-ओ-नुमूद[4] ज़िन्दगी का
इक बोझ उठाए फिर रहा हूँ

शायद न रिहाई मिल सके अब
यादों का असीर[5] हो गया हूँ

इक ऐसा चमन है जिसकी ख़ुशबू
साँसों में बसाए फिर रहा हूँ

इक ऐसी ज़मीं है जिसको छू कर
तक़दीस-ए-हरम[6] से आशना हूँ

इक ऐसी गली है जिसकी ख़ातिर
दरमाँदा-ए-कू-ब-कू रहा हूँ[7]

ऐ मुझको फ़रेब देने वाले
मैं तुझ पर यक़ीन कर चुका हूँ

मैं तेरे क़रीब आते-आते
कुछ और भी दूर हो गया हूँ

---

1. याचना का जंगल 2. आनन्द का शहर 3. ख़ामोशी का चित्र 4. व्यर्थ जीवन 5. क़ैदी 6. हरम की पवित्रता 7. हर गली में दुखी हुआ हूँ

अशआर

ख़ौफ़-ए-हमसायगी[1] से आज का मीर
दूर जंगल में जा के रोता है

अतहर, तुमने इश्क़ किया, कुछ तुम भी कहो क्या हाल हुआ
कोई नया एहसास मिला, या सब जैसा अहवाल[2] हुआ

राह-ए-वफ़ा[3] में जाँ देना ही पेश-रोओं[4] का शेवा[5] था
हमने जब से जीना सीखा, जीना कार-ए-मिसाल हुआ

दरवाज़ा खुला है कि कोई लौट न जाए
और उसके लिए, जो कभी आया न गया हो

न मंज़िल हूँ न मंज़िल-आशना हूँ
मिसाल-ए-बर्ग[6] उड़ता फिर रहा हूँ

ऐ हुस्न-ए-दोस्त, शीशा-ए-जाँ[7] था तेरे मिसाल
माना कि एक बात तेरी बाँकपन में थी

तमाम इश्क़ मेरा अपनी ज़ात से था मुझे
समझ सकी न तेरी चश्म-ए-सुरमगीं[8] शायद

---

1. पड़ोस का डर 2. हाल का बहुवचन 3. प्रेम-पथ 4. आगे जाने वालों 5. पद्धति 6. पत्ते की तरह 7. शीशे जैसा नाजुक दिल 8. सुरमा लगी हुई आँख

अदा जाफ़री

अदा जाफ़री का जन्म 22 अगस्त, 1924 को बदायूँ, उत्तर प्रदेश में हुआ। असल नाम अज़ीज़ जहाँ है। पहला शेर नौ साल की उम्र में कहा और अदा बदायूँनी के नाम से मशहूर हुईं। शादी के बाद अदा जाफ़री हो गईं। एफ.ए. तक पढ़ी हैं। 1950 में पहला संकलन 'मैं साज़ ढूँढ़ती रही' प्रकाशित हुआ और बहुत सराहा गया।

अपनी रचना-प्रक्रिया के बारे में बताते हुए अदा जाफ़री ने लिखा है कि आज से चालीस बरस पहले एक लड़की हौसला बाँधकर आधुनिक उर्दू कविता के कारवाँ में शामिल हुई थी। "मुझे अपनी रिवायात जितनी प्यारी हैं; रिवायतों से बग़ावत भी उतनी ही प्यारी रही है। 'मैं साज़ ढूँढ़ती रही' अपनी पहचान का पहला लम्हा था। उसके बाद 10-12 साल का वक़्त ख़ामोशी में गुजरा। इस लंबी चुप्पी की अस्ल वजह मैं ख़ुद भी नहीं जानती। शायद यूँ हो कि उस वक़्त मेरे पास कहने को कोई खास बात नहीं थी। या शायद ये वजह हो कि उन दिनों झोली में इतने फूल थे कि नज़र उठा कर किसी और तरफ़ देखने का होश ही नहीं था। फिर मेरा खोया हुआ क़लम मुझे वापस मिला तो भरपूर उजालों की तमन्ना 'शह्र-ए-दर्द' तक ले आई। मेरी ये किताब 1968 में प्रकाशित हुई।"

अदा जाफ़री की तीसरी किताब 'ग़ज़ाला तुम तो वाक़िफ़ हो' (1974) की नज़्में बँगलादेश के उन दिनों की कहानी कहती हैं जो न सिर्फ़ पाकिस्तान बल्कि पूरे दक्षिणी एशिया पर भारी थे। "मैंने शायरी का सफ़र एक ही लफ़्ज़ की आरज़ू के साए-साए तय करने की कोशिश की है। वो सच्चा लफ़्ज़ जो लिखने वाले पर फ़र्ज भी होता है, क़र्ज़ भी होता है। ये ज़िन्दगी के ख़ाके हैं। कुछ दुख-सुख मेरे अपने हैं, कुछ दुख-सुख आपके हैं। मैं ये भी नहीं कह सकती कि मैंने जो देखा, जो सोचा और जो चाहा वो सब कह सकी हूँ। बस इतना है कि ज़िन्दगी की सचाइयों ने मुझे जो फूलों और ज़ख़्मों के गजरे दिये हैं वही मेरी दौलत हैं।"

अदा जाफ़री की चौथी किताब 'साज़-ए-सुख़न बहाना है' 1982 में प्रकाशित हुई। 12 मार्च, 2015 को इनका निधन कराची में हो गया।

कि हवाएँ तुंद-ख़ू हैं

कोई आयत-ए-तमन्ना[1]
करे दिल पे आज एहसाँ
किसी ख़्वाब का सफ़ीना[2]
सर-ए-रेगज़ार[3] उतरे
किसी याद का सहीफ़ा[4]
दिल-ए-बेक़रार! उतरे
मेरे ख़ौफ़ को अता[5] हो
मेरे दर्द का उजाला
कोई गुंचा[6] आँख खोले
कोई फूल मुँह से बोले
कोई हर्फ़-ए-नकहत-ए-गुल[7]
हो समाअतों[8] का मेहमाँ
कोई रंग-ए-नुज़हत-ए-जाँ[9]
हो बसारतों[10] को अरज़ाँ[11]
अभी ज़ख़्म-ए-शब लहू हैं
मेरी सुबह बुझ न जाए
कि हवाएँ तुंद-ख़ू[12] हैं

---

1. कामना का चिह्न 2. नौका 3. रेगिस्तान के किनारे 4. किताब 5. दान 6. कली 7. फूल की सुगंध का अक्षर 8. श्रवण-शक्ति 9. जीवन की पवित्रता का रंग 10. दृष्टि 11. सस्ता 12. तीव्र स्वभाव

वो अब तक नहीं पलटा

उजाला सिसकियाँ लेता रहा घर में
दिया दहलीज़ पर जलता रहा—जिसको
किसी जाँ-बख़्श[1] साअत[2] में
मुक़द्दस[3] आग से रौशन किया उसने
वो इंसाँ देवता था या मसीहा[4] था
वो भूला तो नहीं होगा
न जाने बेवफ़ा दुनिया के
कितने काम थे उसको, न जाने कितने धंदे थे
कि वो अब तक नहीं पलटा
दिया तो ख़ैर बुझने तक सदा जलता ही रहता है
कोई इतना बता देता
कि वो जिन रास्तों में है
वहाँ उसको अँधेरा तो नहीं मिलता

ग़ज़ल

1

उजाला दे चराग़-ए-रहगुज़र[5] आसाँ नहीं होता
हमेशा हो सितारा हमसफ़र आसाँ नहीं होता

जो आँखों-ओट है चेहरा, उसी को देखकर जीना
ये सोचा था कि आसाँ है मगर आसाँ नहीं होता

बड़े ताबाँ[6] बड़े रौशन सितारे टूट जाते हैं
सहर की राह तकना ता-सहर आसाँ नहीं होता

---

1. प्राण देने वाला 2. क्षण 3. पवित्र 4. नया जीवन देने वाला 5. रास्ते का दीप 6. प्रकाशमान

अँधेरी-कासनी[1] रातें यहीं से हो के गुज़रेंगी
जला रखना कोई दाग़-ए-जिगर आसाँ नहीं होता

किसी दर्द-आशना लम्हे के नक़्श-ए-पा सजा लेना
अकेले घर को कहना अपना घर आसाँ नहीं होता

जो टपके कासा-ए-दिल[2] में तो आलम[3] ही बदल जाए
वो इक आँसू मगर ऐ चश्म-ए-तर आसाँ नहीं होता

गुमाँ तो क्या यक़ीं भी वसवसों[4] की जद में होता है
समझना संग-ए-दर को संग-ए-दर आसाँ नहीं होता

न बहलावा न समझौता, जुदाई-सी-जुदाई है
अदा सोचो तो ख़ुशबू का सफ़र आसाँ नहीं होता

2

तहरीर हर निगह[5] में किसी ख़्वाब की रही
इतनी तो रास्तों में मेरे रौशनी रही

दर भी नहीं था कोई, दरीचे भी बंद थे
आँखों में जाने कैसे धनक-सी रची रही

ख़ुशबू के साथ-साथ न जाने कहाँ थी मैं
फिर यूँ हुआ कि गर्दिश-ए-दौराँ थमी रही

पत्तों से छनके आई है आँगन में चाँदनी
जैसे किसी ख़ुशी में ख़ुशी की कमी रही

इक सलसबील[6]-ए-दर्द मेरे साहिलों पे थी
दरिया में मौज-मौज मेरी तश्नगी[7] रही

---

1. एक रंग 2. दिल का प्याला 3. दशा 4. बुरी शंकाएँ 5. दृष्टि 6. स्वर्ग का कुंड 7. प्यास

वो इतना मेहरबाँ है कि अब उससे क्या कहूँ
कितनी गवाहियों में मेरी ज़िन्दगी रही

दिल को उदास कर गई जो नौहागर[1] हुआ
कोंपल को एतिबार-ए-नुमू[2] सौंपती रही

गुलदान में सजा तो ली शौक़ से अदा
फूलों से बेतरह मुझे शर्मिंदगी रही

3

चाक-ए-दिल[3] भी कभी मिलते होंगे
लोग बिछड़े हुए मिलते होंगे

रोज़-ओ-शब[4] के इन्हीं वीरानों में
ख़्वाब के फूल तो खिलते होंगे

नाज़-परवर्दा[5] तबस्सुम[6] से कहीं
सिलसिले दर्द के मिलते होंगे

हम भी ख़ुशबू हैं, सबा से कहियो
हमनफ़स रोज़ न मिलते होंगे

सुबह ज़िंदाँ में भी होती होगी
फूल मक़तल में भी खिलते होंगे

अजनबी शह्र की गलियों में अदा
दिल कहाँ, लोग ही मिलते होंगे

---

1. विलाप करने वाला 2. विकसित होने का विश्वास 3. दिल के टुकड़े 4, दिन और रात
5. लाड़-प्यार से पाली हुई 6. मुसकान

4

निगाह-ओट रहूँ, कासा-ए-ख़बर[1] में रहूँ
मैं बुझते-बुझते भी पैराहन-ए-शरर[2] रहूँ

मैं ख़ुद ही रोज़-ए-तमन्ना[3], मैं आप ही शाम-ए-फ़िराक़[4]
अजब नहीं जो अकेली भरे नगर में रहूँ

सुलग उठी तो अँधेरों का रख लिया है भरम
जो रौशनी हूँ तो क्यों चश्म-ए-नौहागर[5] में रहूँ

तमाम उम्र सफ़र में गुज़ार दूँ अपनी
तमाम उम्र तमन्ना-ए-रहगुज़र[6] में रहूँ

लिखा गया मुझे आवाज़-ए-ख़ामुशी की तरह
ख़ुद अपना अक्स बनूँ, साया-ए-हुनर[7] में रहूँ

वो तश्नगी[8] थी कि शबनम को होंट तरसे हैं
वो आब हूँ कि मुक़य्यद[9] गुहर-गुहर में रहूँ

अदा में निकहत-ए-गुल[10] भी न थी, सबा भी न थी
कि मेहमाँ-सी रहूँ और अपने घर में रहूँ

---

1. ज्ञान का प्याला अर्थात मस्तिष्क 2. अग्नि-स्वरूप 3. कामना की पूर्ति करने वाला 4. वियोग की शाम 5. विलाप करने वाली आँख 6. कामना का मार्ग 7. कौशल की छाया 8. प्यास 9. क़ैद किया हुआ 10. फूल की सुगंध

अनवर महमूद ख़ालिद

अनवर महमूद ख़ालिद का जन्म 1 मार्च, 1940 को हुआ। गवर्नमेंट कॉलेज, फ़ैसलाबाद में लेक्चरार रहे। फ़ैसलाबाद पंजाब (पाकिस्तान) के शहर लायलपुर का नया नाम है। सोलह बरस की उम्र के दौरान लिखी रचनाओं का पहला संग्रह 'अहद-नामा' (1973) को पढ़कर अहमद नदीम क़ासिमी ने कहा था कि अनवर की रचनाएँ एक ऐसी प्रतिभा का प्रसाद हैं जो दूसरों से कहीं ज्यादा विकल्प तो ढूँढ़ लेती हैं, लेकिन ये नहीं समझ पातीं कि कौन-सा एक रास्ता चुनें। लेकिन शहज़ाद अहमद ने अनवर की इस ऊहापोह को दिशाहीनता की बजाय युगधर्म माना है; एक ऐसे दौर में जीने का नतीजा जहाँ कोई चीज़, कोई फ़लसफ़ा, कोई तेवर, इतमीनान नहीं बख़्शता। अनवर की बेचैनी एक शापग्रस्त यक्ष की भटकन है, चरित्रहीन शब्दकार की ग़ैरज़िम्मेदार ठिठोली नहीं।

पहला कश्फ़

गई रुतों के उदास लम्हो[1],
क़रीब आओ-क़रीब आओ
उतर के मेरी उजाड़ आँखों में अश्क-आसा टपकते जाओ!
मेरे बदन पगडंडियों पे चलते किसी मुसाफ़िर की तेज़-क़दमी से रेज़ा-रेज़ा[2]
बिखरते पत्तो!
ये याद रखना कि अब अबद[3] तक
तुम्हारे बीमार, ज़र्द चेहरों पे पायमाली[4] की बे-निशाँ मोह्र लग चुकी है
हवा-ए-सर्मा[5] की चीरा-दस्ती[6] से बे-नियाज़-ए-लिबास[7] शाख़ो!
मैं जानता हूँ कि तुमको आती रुतों की ख़ातिर
हरे लबादों[8] की जुस्तजू[9] है।
नये नगीनों की आरज़ू[10] है।
मगर अभी तो उक़ाब[11] जैसी ख़िज़ाँ के पंजे, लहू में ग़लताँ बदन ज़मीं
में गड़े हुए हैं
अभी शगूफ़ों की घंटियों की सदाएँ कानों को ना-रसा हैं
कहाँ हो तुम मेरी ख़्वाहिशों के बे-बाल-ओ-पर[12], बे-गुनह फ़रिश्तो?
क़रीब आओ-क़रीब आओ!
क़रीब इतना कि मेरी साँसें
तुम्हारे उजले फ़राख़[13] माथों पे ग़म का इक जाल-सा बिछा दें?
ख़ुद अपनी आँखों से देख जाओ!
कि कब से मेरे लबों पे ख़ामोशियों के जाले तने हुए हैं
मैं कब से फैलाए हाथ अपना भिकारियों की तरह खड़ा हूँ
मेरे लिए ये जुदाइयों के अज़ाब[14] का पहला दिन है।

---

1. क्षणों 2. कण-कण 3. वो समय जिसका अंत न ज्ञात हो 4. दुख से दलित होना 5. शीतकाल की हवा 6. अत्याचार 7. नग्न 8. वस्त्रों 9. तलाश 10. इच्छा 11. गरुड़ 12. निराश्रय 13. चौड़े 14. यातना

मह-नवर्द

मैं चाँद की सतह पर खड़ा हूँ
नज़रों को ग़ुरूर से उठाए
क़दमों को ज़मीन पर जमाए
ग़ारों के खुले हुए दहाने
चटख़ी हुई पै-ब-पै[1] चट्टानें
ता-हद्द-ए-नज़र[2] उजाड़ सहरा
है मौज-ए-सराब[3] चादर-ए-आब[4]
सब्ज़े का ख़याल तक भी नायाब
सूरज की चमकती तेज़ किरनें
नेज़ों[5] की मिसाल तन गई हैं
छूते ही ग़ुबार-ए-माह[6] को वो
आँखों का ग़िलाफ़ बन गई हैं
रुक-रुक के क़दम उठा रहा हूँ
मंज़िल का निशाँ यहीं-कहीं है
आदम की मुसाफ़िरत[7] की ख़ातिर
ये चाँद अब दूसरी ज़मीं है
इस कुर्रा-ए-नूर[8] के उफ़ुक़[9] पर
वो अर्ज़[10] तुलू[11] हो रही है!

दुआ

ख़ुदा-ए-इज़्ज़-ओ-जल्ल[12]
मुझ बे-सर-ओ-सामाँ के सिर पर मेहरबाँ नीले फ़लक[13] की सायबानी कर!
मेरी बे-आब, चटियल, बाँझ धरती को ज़ुमुर्रुद[14] की नई पोशाक पहना दे!

---

1. जगह-जगह 2. दृष्टि की सीमा तक 3. मृगतृष्णा की लहर 4. पानी की चादर 5. बरछी 6. चाँद की धूल 7. यात्रा करना 8. चंद्रमंडल 9. क्षितिज 10. पृथ्वी 11. उदय 12. प्रतापी और आदरणीय ख़ुदा 13. तख़्ता, पटल 14. पन्ना (हरे रंग की)

मेरी बे-बर्ग[1] शाख़ों की रगों में सब्ज़ ख़ूँ की ताज़गी दौड़ा!
मेरी ख़ाली सदफ़[2] को दुर्र-ए-सुफ़्ता[3] से ज़ीनत दे!
तज़बजुब[4] की यक़ीं-ना-आशना[5] दलदल में धँसती रूह को ग़र्क़ाब[6] होने से बचा!
ख़मीदा[7], डगमगाते, डोलते, कुहना[8] अक़ाइद[9] को नये ईमान की लाठी अता कर!
मुझे ग़ार-ए-हिरा-ए-ज़ेहन से बाहर निकलने के लिए अपने मुक़द्दस[10] नाम पढ़ना सिखा!
सियह कीचड़ में लुथड़े पारा-पारा दिल को इलहामी-ए-सहीफ़े[11] के मुनव्वर[12] पानियों से ग़ुस्ल दे कर मुज्तमा[13] कर दे!
मेरी लुकनत-ज़दा[14], पत्थर ज़बाँ को एक नए बे-साख़्ता[15] पैराया-ए-इज़हार[16] की नेमत[17] से मालामाल कर!
मुझे हर लफ़्ज़ की जड़ तक पहुँचकर अनछुई सचाइयों पर हाथ धरने दे! अज़ल[18] से ता-अबद[19] हाइल[20] मुसाफ़त[21] तय न कर सकने का दुख सहने की क़ुव्वत[22] बख़्श!
ज़मीन-ओ-आस्माँ के दरमियाँ मौजूद हर ना-मुनकशिफ़[23] शय[24] की हक़ीक़त आँख पर खोल!

ख़ुदा-ए-इज़्ज़-ओ-जल्ल!
मेरी दुआ सुन!
मुक़फ़्फ़ल[25] बाब-ए-रहमत[26] खोलकर मेरी बिलकती इल्तिजा[27] सुन!
मेरे दिल को झपट कर नोच खाते वसवसे[28] के गिद्ध की यूरिश[29] से बचा!
मुझे अपने बदन के गिर्द लिपटी, ख़ून पीती, अज़दहा[30] ख़्वाहिश के जंगल से रिहाई दे!

---

1. पत्तों के बिना 2. सीपी 3. छेद किया हुआ मोती 4. दुविधा 5. जो विश्वास करना न जाने 6. डूबना 7. झुका हुआ 8. पुराने 9. मतों 10. पवित्र 11. ख़ुदा की ओर से आई हुई किताब 12. उज्ज्वल 13. एकत्र 14. हकलाती 15. तुरंत 16. बात कहने की शैली 17. दौलत 18. अनादि काल 19. काल के अंत तक 20. फैली हुई 21. यात्रा 22. शक्ति 23. अव्यक्त 24. वस्तु 25. ताला पड़ा हुआ (बंद) 26. कृपा का दरवाज़ा 27. प्रार्थना 28. बुरी शंकाओं 29. आक्रमण 30. अजगर

ग़ज़ल

1

जिस तरह देखा है अब, पहले कभी देखा न था
इतनी शिद्दत से उसे मैंने कभी चाहा न था

देखते-ही-देखते नज़रों से ओझल हो चला
मैंने तो जी-भर के भी उसको अभी देखा न था

जानता था कि ये होनी है जुदाई एक दिन
वो अचानक यूँ बिछड़ जाएगा—ये सोचा न था

पहले पाने की ख़ुशी थी, अब उसे खोने का दुख
ख़्वाब की लज़्ज़त[1] में गुम, ताबीर[2] का धड़का न था

नौहा[3] उन आँखों का, जो तकते हुए पथरा गईं
मातम उस आँसू का, मिज़गाँ[4] पर से जो ढलका न था

आईने से ख़्वाब मेरे रेज़ा-रेज़ा[5] हो गए
मैं तिलिस्मे-बेहिसी[6] को तोड़कर निकला न था

क्यों तेरी जू-ए-तलव्वुन[7] के रवाँ[8] पानी पे हूँ
मैं तो मोती था तेरे दिल का, कोई तिनका न था

मौज-ए-ग़म उठी तो साहिल को भिगोकर आ गई
दिल समंदर था, किनारों में घिरा दरिया न था

सिलसिला-दर-सिलसिला हैं सब सराब-ए-ज़िन्दगी[9]
ज़ह्र चखने का ये ख़ालिद तजुर्बा पहला न था

---

1. आनन्द 2. स्वप्नफल 3. बैन करना 4. पलक 5. कण-कण 6. चेतना के अभाव का जादू
7. अस्थिर-चित्त की नहर 8. बहते हुए 9. जीवन की मृगतृष्णा

2

जो हो सका न जुदा मुझसे दूर जाकर भी
मैं मुतमइन[1] हूँ उसे हाथ से गँवाकर भी

अगरचे वजह-ए-अज़ीयत[2] हैं उसकी यादें भी
मिला है चैन मगर कब उसे भुलाकर भी

उगा दिया है तो कर सब्ज़ पैरहन[3] भी अता
मैं यूँ तो राज़ी हूँ बंजर ज़मीन पाकर भी

जो संग लगता था निकला वो रुई का गाला
मैं मुंतशिर[4] न हुआ उसकी चोट खाकर भी

बुझाए बुझ नहीं सकती बदन की आग कभी
कि अब तो देख लिया ख़्वाहिशें दबाकर भी

वो चश्म-ए-तर[5] थी कि क़ारून[6] का ख़ज़ाना भी
रही भरी की भरी सद-गुहर[7] लुटाकर भी

हैं आज दफ़्न किताबों में उसकी तसवीरें
ये कारनेस पे रखी थीं कभी सजाकर भी

ज़मीर की जो अदालत में आ गए ख़ालिद
वो सुर्ख़रू[8] न हुए ख़ून में नहाकर भी

---

1. संतुष्ट 2. यातना का कारण 3. हरे वस्त्र 4. टुकड़े-टुकड़े 5. भीगी हुई आँख 6. एक बहुत बड़ा धनवान जो अत्यन्त कृपण था और अंत में अपने धन सहित पृथ्वी में समा गया 7. सैकड़ों मोती 8. सफल

3

अनकहे लफ़्ज़ों में मतलब ढूँडता रहता हूँ मैं
क्या कहा था उसने और क्या सोचता रहता हूँ मैं

यूँ ही शायद मिल सके होने-न-होने का सुराग़
अब मुसलसल[1] ख़ुद के अंदर झाँकता रहता हूँ मैं

मौत के काले समंदर में उभरते-डूबते
बर्फ़ के तोदे[2] की सूरत डोलता रहता हूँ मैं

इन फ़ज़ाओं में उमड़ती, फैलती ख़ुशबू है वो
इन ख़लाओं में रवाँ बनकर हवा रहता हूँ मैं

जिस्म की दो गज़ ज़मीं में दफ़्न कर देता है वो
कायनाती हद[3] की सूरत फैलता रहता हूँ मैं

दोस्तों से सर्द-मेहरी[4] भी मेरे बस में नहीं
और मुरव्वत[5] की तपिश में खौलता रहता हूँ मैं

इक धमाके से न फट जाए कहीं मेरा वुजूद[6]
अपना लावा आप बाहर फेंकता रहता हूँ मैं

चैन था ख़ालिद तो घर की चारदीवारी में था
रेस्तोरानों में अबस क्या ढूँडता रहता हूँ मैं

---

1. लगातार 2. ढेर 3. सृष्टि की सीमा 4. ठंडापन 5. लिहाज, शील-संकोच 6. अस्तित्व

अशआर

अब उठा ख़ालिद, ख़ुदा के नाज़ भी उसकी तरह
हम न कहते थे, हैं दोनों एक-से, साइल न हो

इक धमाके से न फट जाए कहीं मेरा वुजूद
अपना लावा आप बाहर फेंकता रहता हूँ मैं

अब मेरे पहलू में है वो दिन-रात
देखता हूँ ख़्वाब सोते-जागते

छुआ उसे तो मेरी उँगलियाँ दहकने लगीं
बदन अगरचे मुलाइम था पर्नियों[1] की तरह

ख़ुदा भी मेरी तरह बा-कमाल[2], ऐसा है
तराशा उसको जो मेरे ख़याल ऐसा है

---

1. रेशमी कपड़ा 2. गुणवान

अमजद इस्लाम अमजद

नाम : अमजद इस्लाम, तखल्लुस अमजद। इनका जन्म 4 अगस्त, 1944 को हुआ। उर्दू-अध्यापक, गवर्नमेंट एम.ए.ओ. कॉलेज (1948-1975); सन् 1975 से पंजाब आर्ट्स काउंसिल के डिप्टी डायरेक्टर। अमजद के लिखे टी.वी. ड्रामों में से 'वारिस' एक तहलका-ख़ेज़ नाटक था।

अमजद बुनियादी तौर पर नज़्म के शायर हैं। कभी प्रगतिशील कवियों के गुट में थे। मगर अब कहते हैं : "शायर को उसके शेर की मदद से देखो, खानों में न बाँटो, सोशलिस्ट या मुसलमान होना अच्छी शायरी की शर्त नहीं।"

अमजद की कविता में अभिव्यक्ति के ताज़ा आयाम हैं। वे आलोचकों की बात अकसर कान धरते हैं। लेकिन उनकी भाषा समकालीनों से जुड़कर चलने के मोह या हठधर्मी प्रयोगवाद की भूल-भुलैया में नहीं उलझी। इसीलिए उनकी ज़्यादातर अच्छी रचनाएँ पढ़े जाने के साथ-साथ गायी भी जा सकती हैं।

10 फ़रवरी, 2023 को लाहौर में इनका निधन हो गया।

नज़्म

वक़्त से कौन कहे, यार ज़रा आहिस्ता
गर नहीं वस्ल[1] तो ये ख़्वाब-ए-रफ़ाक़त[2] ही ज़रा देर रहे,
वक़फ़ा-ए-ख़्वाब[3] के पाबंद हैं
जब तक हम हैं!!
ये जो टूटा तो बिखर जाएँगे सारे मंज़र
(तीरगी-ज़ाद[4] को सूरज है फ़ना[5] की तालीम)
हस्त और नेस्त[6] के माबैन[7] अगर
ख़्वाब का पुल न रहे
कुछ न रहे
वक़्त से कौन कहे
यार, ज़रा आहिस्ता

अहमद नदीम क़ासमी

मैंने उस शख़्स की आँखों में फ़ुरोज़ाँ[8] देखी
उसके निखरे हुए बातिन[9] की चमक
उसकी तहरीर[10] की ख़ुशबू में अफ़शाँ[11] देखी
उसके महके हुए लहजे की खनक
उसके किरदार के पर्दे में नुमायाँ देखी
अज़मत-ए-आदम-ए-ख़ाकी[12] की झलक

1. मिलन 2. सहचरता का स्वप्न 3. स्वप्न का ठहराव 4. अँधेरे में रहने वाला 5. मृत्यु 6. होना और न होना 7. बीच में 8. प्रकाशमान 9. मन 10. लेख्य 11. छिड़की हुई 12. मनुष्य की महानता

उसने बतलाया मुझे
कैसे फ़न[1] का फ़न
उसके अहसास की क़ुव्वत से जनम लेता है
उसने सिखलाया मुझे
किस तरह कोई ज़माने को मसर्रत[2] देकर
अपने हिस्से में अलम[3] लेता है
आस्माँ, कौन-से लोगों के क़दम लेता है

जो भी कुछ है मुहब्बत का फैलाव है

जो भी कुछ है मुहब्बत का फैलाव है
तेरे-मेरे अबद का किनारा है यह
इस्तिआरा[4] है यह

रूप का दाव है
प्यार का घाव है
जो भी कुछ है मुहब्बत का फैलाव है

सुबह-दम जिस घड़ी फूल की पंखुड़ी
ओस का आईना जगमगाने लगा,
एक भँवरा वहीं देखकर हर कहीं
शाख़ की ओट से सिर उठाने लगा
फूल, भँवरा, तलातुम[5] है, ठहराव है
जो भी कुछ है मुहब्बत का फैलाव है

ख़्वाब क्या-क्या चुने, जाल क्या-क्या बुने
मौज थमती नहीं, रंग रुकते नहीं नहीं

1. कला 2. ख़ुशी 3. दुख 4. मेटाफ़र 5. पानी का मौजें मारना

वक़्त के फ़र्श पर, ख़ाक के रक़्स पर
नक़्श जमते नहीं, अब्र[1] झुकते नहीं
हर मुसाफ़त[2] की डोरी का सिमटाव है

जो भी कुछ है मुहब्बत का फैलाव है

ग़ज़ल

(नज़्रे इक़बाल)

1

हुजूम-ए-सैद[3] में देखा घिरा हुआ सय्याद[4]
बदल रहा है नया रूप आलम-ए-ईजाद

तुम्हारी-मेरी मुहब्बत बहाल कैसे हो
तग़य्युरात[5] पे क़ायम है वक़्त की बुनियाद

जब अपनी आँख का देखा न मोतबर[6] ठहरे
कहाँ से लाएँ ख़यालों के वास्ते असनाद[7]

वो क्या घड़ी थी, कहाँ पर मिले थे हम दोनों
वो चल दिया तो मुझे देर तक न आया याद

मेरा बदन था घने जंगलों की तारीकी[8]
तेरी तलब ने किया है ये ख़ाकदाँ[9] आबाद

मैं अपने हस्त[10] की तनहाइयों में रोता हूँ
ये मुस्कुराता हुआ शख़्स है मेरा हमज़ाद[11]

जो बस्तियाँ थीं उन्हें तो मिटा चुके अमजद
न जाने अब ये ख़राबे[12] करेगा कौन आबाद

1.बादल 2. यात्रा 3. आखेटों की भीड़ 4.शिकारी 5. परिवर्तन 6. विश्वस्त 7. प्रमाण 8. अँधेरा 9. संसार 10. अस्तित्व 11. सहजात 12. निर्जन स्थान

2

गुज़र गया जो ज़माना उसे भुला ही दो
जो नक़्श बन नहीं सकता उसे मिटा ही दो

खुलेगा तर्क-ए-तअल्लुक़[1] के बाद बाब-ए-वफ़ा[2]
यह एक आख़िरी पर्दा भी अब उठा ही दो

रुकी-रु-सी हवा है थका-थका है चाँद
वफ़ा के दश्त में हैराँ खड़े हैं राही दो

गुज़र रहा है जो लम्हा उसे अमर कर लें
मैं अपने ख़ून से लिखता हूँ तुम गवाही दो

किसी तरह से तग़ाफ़ुल[3] का बाब-ए-शक[4] तो खुले
नहीं मैं प्यार के क़ाबिल तो कुछ सज़ा ही दो

मैं कायनात[5] को तुमसे निजात[6] दे दूँगा
मेरी गिरिफ़्त में इक दिन अगर तबाही दो

3

तर्क-ए-उलफ़त[7] का बहाना चाहे
वो मुझे छोड़ के जाना चाहे

आस की ख़्वाब-ख़याली देखो
आग पानी में लगाना चाहे

कुछ नहीं और तग़ाफुल[8] ही सही
आरज़ू कोई ठिकाना चाहे

वक़्त दीवार बना बैठा है
वो अगर लौट भी आना चाहे

---

1. संबंध टूटना 2. प्रेम का दरवाज़ा 3. उपेक्षा 4.शंका का दरवाज़ा 5. संसार 6. मोक्ष
7. प्रेम-त्याग 8. उपेक्षा

कोई आहट थी न साया कोई
दिल तो रुकने का बहाना चाहे

मैं वो रस्ते की सराय हूँ जिसे
हर कोई छोड़ के जाना चाहे

देखना दिल की अज़ीय्यत-तलबी[1]
फिर उसी शह्र को जाना चाहे

अशआर

मैं उसको हश्र[2] में किस नाम से सदा[3] देता
कि मेरा उससे तआरुफ़[4] तो ग़ायबाना[5] है

उम्र इसी तज़ाद[6] में, रिज़्क़-ए-ग़ुबार[7] हो गई
जिस्म था और अज़ाब[8] में आँखें तो और ख़्वाब में

किस क़दर ज़ख़्म-ज़ख़्म चेहरा है
चाँद भी आदमी-सा लगता है

कोई चले तो ज़मीं साथ-साथ चलती है
ये राज़ हम पे अयाँ[9] गर्द-ए-रहगुज़र[10] से हुआ

ख़ाली घरों में जिस तरह आसेब[11] साँस ले
दिल में किसी का साया-ए-पैमान[12] रह गया

वो सामने था मगर ये यक़ीं न आता था
वो आप था कि मेरी ख़्वाहिशों का साया था

---

1. यातना की चाह 2. विपदा का समय 3. आवाज़ 4. परिचय 5. परोक्षतः 6. प्रतिकूलता 7. धूल की भेंट 8. यातना 9. प्रकट 10. रास्ते की धूल 11. भूतप्रेत 12. वचन की परछाईं

इब्ने इंशा

अस्ल नाम शेर मोहम्मद ख़ाँ था। मगर दस-ग्यारह बरस से अपने-आपको इब्ने इंशा कहना और लिखना शुरू कर दिया और इसी नाम से मशहूर हुए। इनका जन्म 15 जून, 1927 को जिला लुधियाना में हुआ। लुधियाना में ही पढ़े। 1947 में पाकिस्तान और 1949 में कराची आ बसे। उर्दू कॉलेज (कराची) से बी.ए. किया। पढ़ने का शौक़ हमेशा से रहा। मौलवी अब्दुल हक़ के बहुत क़रीब थे।

हर व्यक्ति एक निजी कल्पना-लोक की तलाश में रहता है। फिर इंशा तो कवि थे। मरते दम तक अपने *चाँद नगर* की खोज में तमाम दुनिया की ख़ाक छानते रहे। उनके लहजे में मीर की ख़स्तगी और नज़ीर की फ़क़ीरी थी। समाजी दुख-सुख में शिरकत इंशा का ईमान था। दुनिया में अमन और ख़ुशहाली चाहते थे। आदमी की आजादी और इज़्ज़त के मतवाले थे।

पढ़ाई खत्म करने के बाद पहले क़ौमी किताबघर के डायरेक्टर बने। फिर इंग्लैंड में पाकिस्तान के राजदूतावासीय मिनिस्टर ऑफ़ कल्चर रहकर पाकिस्तान में यूनेस्को के नुमाइंदे रहे। सफ़रनामे कमाल के लिखते थे। कई अनुवाद भी किए।

इंशा हिंदी ख़ूब जानते थे। ऑल इंडिया रेडियो में नौकरी हिंदी ज्ञान के बल पर की थी। उनकी उर्दू रचनाओं में भी हिंदी शब्दावली पिरोयी पड़ी है। उन्होंने ग़ज़ल में लंबे और कविताओं में छोटे छंद अपनाए। विद्यार्थी-काल में 'बिल्लू का बस्ता' (1958) बाल-कविताओं का संग्रह छपा। दो कविता-संग्रह 'चाँद नगर' और 'इस बस्ती के इक कूचे में' काफी सराहे गए। संयुक्त राष्ट्रसंघ के बाल-वर्ष पर लिखी उनकी कविता 'यह बच्चा किसका बच्चा है' बड़ी लोकप्रिय हुई।

11 जनवरी, 1978 को कैंसर से लंदन में मरे, कराची में दफ़नाये गए।

उस आँगन का चाँद

1

शाम समय इक ऊँची सीढ़ियों वाले घर के आँगन में
चाँद को उतरे देखा हमने, चाँद भी कैसा? पूरा चाँद

इंशाजी इन चाहने वाली, देखने वाली आँखों ने
मुल्कों-मुल्कों, शह्‌रों-शह्‌रों, कैसा-कैसा देखा चाँद

हर इक चाँद की अपनी धज थी, हर इक चाँद का अपना रूप
लेकिन ऐसा रौशन-रौशन, हँसता बातें करता चाँद?

दर्द की टीस तो उठती थी पर इतनी भी भरपूर कभी?
आज से पहले कब उतरा था दिल में इतना गहरा चाँद!

हमने तो क़िस्मत के दर से जब पाए अँधियारे पाए
ये भी चाँद का सपना होगा, कैसा चाँद? कहाँ का चाँद?

2

इंशाजी दुनिया वालों में बे-साथी बे-दोस्त रहे
जैसे तारों के झुरमुट में तनहा चाँद, अकेला चाँद

उनका दामन इस दौलत से ख़ाली का ख़ाली ही रहा
वर्ना थे दुनिया में कितने चाँदी चाँद और सोना चाँद

जग के चारों कूट में घूमा सैलानी हैरान हुआ
इस बस्ती के इस कूचे के इस आँगन में ऐसा चाँद?

आँखों में भी चितवन में भी चाँद ही चाँद झलकते हैं
चाँद ही टीका, चाँद ही झूमर, चेहरा चाँद और माथा चाँद

एक ये चाँद नगर का बासी जिससे दूर रहा संजोग
वर्ना इस दुनिया में सब ने चाहा चाँद और पाया चाँद

3

अम्बर ने धरती पर फेंकी नूर की छींट उदास-उदास
आज की शब तो अंधी शब थी, आज किधर से निकला चाँद

इंशाजी ये और नगर है, इस बस्ती की रीत यही
सबकी अपनी-अपनी आँखें, सबका अपना-अपना चाँद!

अपने सपने के मतले पर जो चमका वो चाँद हुआ
जिसने मन के अँधियारे में आन किया उजियारा चाँद

चंचल मुसकाती-मुसकाती गोरी का मुखड़ा महताब
पतझड़ के पेड़ों में अटका पीला-सा इक पत्ता चाँद

दुख का दरिया, सुख का सागर उसके दम से देख लिये
हमको अपने साथ ही लेकर डूबा चाँद और उभरा चाँद

4

झुकी-झुकी पलकों के नीचे नमनाकी का नाम न था
ये काँटा जो हमें चुभा है काश तुझे भी चुभता चाँद

रौशनियों की पीली किरचें, पूरब-पच्छिम फैल गईं
तूने किस शय के धोखे में पत्थर पर दे पटका चाँद

हमने तो दोनों को देखा दोनों ही बेदर्द कठोर
धरती वाला, अम्बर वाला, पहला चाँद और दूजा चाँद

चाँद किसी का हो नहीं सकता, चाँद किसी का होता है?
चाँद की ख़ातिर ज़िद नहीं करते ऐ मेरे अच्छे इंशा चाँद

इस बस्ती के इक कूचे में

इस बस्ती के इक कूचे में, इक इंशा नाम का दीवाना
इक नार पे जान को हार गया, मशहूर है उसका अफ़साना

उस नार में ऐसा रूप न था, जिस रूप से दिन की धूप दबे
इस शह्र में क्या-क्या गोरी है, महताब-रुखे गुलनार-लबे
कुछ बात थी उसकी बातों में, कुछ भेद थे उसकी चितवन में
वो भेद कि जोत जगाते हैं, किसी चाहने वाले के मन में
उसे अपना बनाने की धुन में, हुआ आप ही आप से बेगाना
इस बस्ती के इक कूचे में, इक इंशा नाम का दीवाना

न चंचल खेल जवानी के, न प्यार की अल्हड़ घातें थीं
बस राह में उनका मिलना था, या फ़ोन पर उनकी बातें थीं
इस इश्क़ पे हम भी हँसते थे, बे-हासिल-सा बे-हासिल था?
इक ज़ोर बिफरते सागर में, न किश्ती थी न साहिल था
जो बात थी उसके जी में थी, जो भेद था यकसर अनजाना
इस बस्ती के इक कूचे में, इक इंशा नाम का दीवाना

इक रोज़ मगर बरखा रुत में, वो भादों थी या सावन था
दीवार पे बीच समंदर के, ये देखने वालों ने देखा
मस्ताना हाथ में हाथ दिये, वो एक कगार पर बैठे थे
यूँ शाम हुई फिर रात हुई, जब सैलानी घर लौट गए
क्या रात थी वो, जी चाहता है उस रात पे लिखें अफ़साना
इस बस्ती के इक कूचे में, इक इंशा नाम का दीवाना

हाँ उम्र का साथ निभाने के थे अहद बहुत पैमान बहुत
वो जिन पे भरोसा करने में कुछ सूद नहीं, नुक़सान बहुत
वो नार ये कहकर दूर हुई 'मजबूरी साजन मजबूरी'
ये वहशत से रंजूर हुए और रंजूरी-सी रंजूरी?
उस रोज़ हमें मालूम हुआ, उस शख़्स को मुश्किल समझाना
इस बस्ती के इक कूचे में, इक इंशा नाम का दीवाना

गो आग से छाती जलती थी, गो आँख से दरिया बहता था
हर एक से दुख नहीं कहता था, चुप रहता था ग़म सहता था
नादान हैं वो जो छेड़ते हैं, उस आलम में नादानों को
उस शख़्स से एक जवाब मिला, सब अपनों को बेगानों को
'कुछ और कहो तो सुनता हूँ, इस बाब[1] में कुछ मत फ़रमाना'
इस बस्ती के इक कूचे में, इक इंशा नाम का दीवाना

अब आगे की तहक़ीक़ नहीं, गो सुनने को हम सुनते थे
उस नार की जो-जो बातें थीं, उस नार के जो-जो क़िस्से थे
इक शाम जो उसको बुलवाया, कुछ समझाया बेचारे ने
उस रात ये क़िस्सा पाक किया, कुछ खा ही लिया दुखियारे ने
क्या बात हुई, किस तौर हुई, अख़बार से लोगों ने जाना
इस बस्ती के इक कूचे में, इक इंशा नाम का दीवाना

हर बात की खोज तो ठीक नहीं, तुम हमको कहानी सुनाने दो
उस नार का नाम-मुक़ाम है क्या, इस बात पे पर्दा रहने दो
हम से भी तो सौदा मुमकिन है, तुम से भी जफ़ा हो सकती है
ये अपना बयाँ हो सकता है, ये अपनी कथा हो सकती है
वो नार भी आख़िर पछताई, किस काम का ऐसा पछताना
इस बस्ती के इक कूचे में, इक इंशा नाम का दीवाना

---

1. सम्बन्ध

एक लड़का

एक छोटा-सा लड़का था मैं जिन दिनों
एक मेले में पहुँचा हुमकता हुआ
जी मचलता था इक-इक शय पर मगर
जेब ख़ाली थी कुछ मोल ले न सका
लौट आया लिये हसरतें सैकड़ों
एक छोटा-सा लड़का था मैं जिन दिनों

ख़ैर महरूमियों के वो दिन तो गए
आज मेला लगा है उसी शान से
आज चाहूँ तो इक-इक दुकाँ मोल लूँ
आज चाहूँ तो सारा जहाँ मोल लूँ
ना-रसाई का अब जी में धड़का कहाँ?
पर वो छोटा-सा, अल्हड़-सा लड़का कहाँ?

ग़ज़ल

1

देख हमारे माथे पर ये दश्त-ए-तलब[1] की धूल मियाँ
हम से अजब तेरा दर्द का नाता, देख हमें मत भूल मियाँ

अह्ल-ए-वफ़ा[2] से बात न करना, होगा तेरा उसूल मियाँ
हम क्यों छोड़ें उन गलियों के फेरों का मामूल मियाँ

यूँ ही तो नहीं दश्त[3] में पहुँचे, यूँ ही तो नहीं जोग लिया
बस्ती-बस्ती काँटे देखे, जंगल-जंगल फूल मियाँ

यह तो कहो कभी इश्क़ किया है? जग में हुए हो रुसवा भी?
इसके सिवा हम कुछ भी न पूछे, बाक़ी बात फ़िज़ूल मियाँ

---

1. याचना का जंगल 2. भक्त 3. जंगल

नस्ब करें मेहराब-ए-तमन्ना[1], दीदा-ओ-दिल को फ़र्श करें
सुनते हैं वो कू-ए-वफ़ा[2] में आज करेंगे नुज़ूल[3] मियाँ

सुन तो लिया किसी नार की ख़ातिर काटा कोह[4], निकाली नहर
एक ज़रा-से क़िस्से को अब देते क्यों हो तूल मियाँ

खेलने दें उन्हें इश्क़ की बाज़ी, खेलेंगे तो सीखेंगे
क़ैस की या फ़रहाद की ख़ातिर खोलें क्या स्कूल मियाँ

अब तो हमें मंज़ूर है ये भी, शह्र से निकलें, रुसवा हों
तुझको देखा, बातें कर लीं, मेहनत हुई वसूल मियाँ

इंशाजी क्या उज़्र है तुमको, नक़्द-ए-दिल-ओ-जाँ[5] नज़्र करो
रूपनगर के नाके पर ये लगता है महसूल मियाँ

अशआर

लोगो मैले तन-मन-धन की हमको सख़्त मनाही है
लोगो हम इस छूत से भागें, हम तो खरे बिरहमन हैं

हमने यही माँगा था, उसने यही बख़्शा है
बंदा हो तो ऐसा हो, दाता हो तो ऐसा हो

दिल की बात छुपानी मुश्किल, लेकिन ख़ूब छुपाते हो
बन में दाना, शह्र के अंदर दीवाने कहलाते हो

सच अच्छा, पर उसके जिलौ में, ज़ह्र का है इक प्याला भी
पागल हो? क्यों नाहक़ को सुक़रात बनो, ख़ामोश रहो

---

1. कामना की महराब 2. प्रेम की गली 3. उतरना 4. पहाड़ 5. हृदय और प्राण का धन

एहसान दानिश

नाम : एहसानुलहक़। इनका जन्म 15 फ़रवरी, 1914 को हुआ। पिता का नाम क़ाज़ी दानिश अली। क़ाज़ी दानिश अली बाग़पत, जिला मेरठ, उत्तर प्रदेश के थे। वहाँ से अपनी ससुराल कांधले, जिला मुज़फ़्फ़रनगर, उत्तर प्रदेश में जा बसे। काजी दानिश अली ख़ासी जायदाद के वारिस थे। लेकिन नासमझी और शराफ़त के फेर में सब गँवा बैठे। एहसान लिखते हैं, "जब मैंने होश सँभाला तो मेरे वालिद साहब एक ठेकेदार के पास मज़दूरों के जमादार थे। और जब ठेका खत्म हो जाता तो ख़ुद भी बेलचा और फावड़े से मज़दूरी करने में दरेग़ (कोताही) न करते थे।

"स्कूल में मुझे तीसरी जमाअत तक तो कोई एहसास (ज्ञान-अनुभव) न हुआ, लेकिन जब तीसरी जमाअत पास कर चुका तो मुझे अच्छी तरह याद है कि वालिद ने वालिदा से कहा कि एहसान ने तीसरी जमाअत तो पास कर ली है, अब चौथी जमाअत की किताबों के लिए रक़म कहाँ से आए? वालिदा ये सुनकर कुछ देर तो ख़ामोश रहीं और फिर जिस क़दर तांबे के बर्तन थे, लाकर ढेर लगा दिया और कहा कि 'हम मिट्टी के बर्तनों में भी खाना खा सकते हैं, लेकिन एहसान को ये उम्र कहाँ नसीब होगी?'

"यह देखकर मुझे पहली दफ़ा वालिदा की मुहब्बत और अपनी मुफ़लिसी (ग़रीबी) का एहसास हुआ। मेरे ग़रीब वालिद चौथी जमाअत के बाद मुझे तालीम न दिला सके और मैं भी अपने वालिद साहब के हमराह मज़दूरी पर जाने लगा।"

एहसान के पिता मज़दूर भले ही थे, लेकिन उन्हें किताबें सुनने का शौक था। दिन-भर खटने के बाद रोज़ शाम को क़ाज़ी साहिब के कुछ मित्र आ बैठते और एहसान सबको 'फ़साना-ए-अजायब', 'आराइश-ए-महफ़िल', 'क़िस्सा-ए-मुम्ताज़', 'अल्फ़ लैला', 'फ़साना-ए-आज़ाद', 'मसनवी मीरहसन', 'नल-ओ-दमन', 'दीवान-ए-मीर' और 'कलाम-ए-अनीस' जैसी किताबें पढ़कर सुनाते।

मज़दूरों की माँग न रहने पर एहसान म्यूनिसिपैलिटी में चपरासी हुए। लेकिन इधर पिता बूढ़े हो जाने से कमाने के क़ाबिल नहीं रहे थे, उधर चपरास पर

गिरता रोज़-रोज़ का अफ़सरशाही नज़ला एहसान को दबोचे जा रहा था। अच्छी आमदनी की तलाश में वो लाहौर चले आए। पर लाहौर पहुँचकर भी ढंग की नौकरी न मिली। ईंटें उठाने की मज़दूरी करने लगे। दयालसिंह कॉलेज की लाइब्रेरी और पंजाब यूनिवर्सिटी, लाहौर की कई इमारतों में एहसान दानिश की ढोयी ईंटें लगी हैं। ईंटों की ढुलाई जिस्म को चूर-चूर कर देती, पर किताबें पढ़ने का ऐसा चस्का था कि जब दूसरे मज़दूर दोपहर की छुट्टी में आराम करते, एहसान किताबें पढ़ते। ठेकेदार ताने कसता कि 'अबे मुंशी बनेगा', तो चुप रह जाते।

पढ़ने-लिखने का एकान्त ढूँढ़ने के लिए एहसान ने मज़दूरी छोड़कर चौकीदारी पकड़ी। लिखते हैं, "लाहौर की मशहूर सैरगाह शिमला-देहली में चौकीदारों में नौकर हो गया। वहाँ शाम के सात बजे से मैं ड्यूटी पर जाता और सुबह सात बजे तमाम रात पासबानी (पहरेदारी) करके अपने मकान पर लौट आता।

"मकान में कई जयपुर के देहात के मज़दूर रहते थे और मेरे हिस्से में उस मकान का एक ग़ुसलख़ाना था, जिसका किराया मैं छह आना महीना अदा करता था। जगह की क़िल्लत के बाइस उसमें चारपाई की गुंजाइश न थी, इसलिए एक बोरिया ही मेरा बिस्तर थी। उन दिनों से आज तक मैं ज़मीन पर ही सोता हूँ।

"चौकीदारी की रातों का सन्नाटा, मुफ़्त की सरकारी रौशनी, और मसरूफ़ तनहाई मुझे अभी तक नहीं भूलती। उन दिनों चार सौ, साढ़े चार सौ सफ़हात का यौमिया मुतालआ (पृष्ठों का दैनिक अध्ययन) मेरी ज़िन्दगी का मामूल था। फिर मैं बीस रुपया महीना पर गिलानी बुकडिपो में एक अर्से तक मुलाज़मत करता रहा। लेकिन फिर तनख़्वाह में ताख़ीर (देरी) शुरू हुई और होते-होते यहाँ तक नौबत पहुँची कि जब चार माह तक तनख़्वाह से महरूम रहा तो वहाँ से भी दामनकश हुआ और मक़तबा दानिश के नाम से अपना जाती कुतुबख़ाना (प्रकाशन) क़ायम किया।"

अपना प्रकाशन खोल लेने के बाद एहसान की आर्थिक दशा तो सुधरी, लेकिन जीने का अंदाज़ नहीं बदला। तमाम उम्र फ़र्श या तख़्त पर सोए। सिर्फ़ एक बार खाना खाते और वो भी मामूली क़िस्म का। बक़ौल मुहम्मद वारिस कामिल, "एहसान साहब अगर किसी की दावत करते हैं तो मेहमान की शामत आ जाती है। उसके लिए दस्तरख़्वान पर इस क़िस्म के खाने चुने जाते हैं कि एक हफ़्ते का भी भूका हो तो उसकी भूक उड़ जाती है। सन् 1944 में एक दफ़ा मुझे इफ़्तार (रोज़ा खोलने) की दावत दी। मैं मंज़िलें मारता हुआ उनके मकान पर पहुँचा। इफ़्तारी का नक्कारा पिटा तो मिट्टी के एक लोटे में ग़ैर-मबरूफ़ (बिना बर्फ़ का) पानी और एक मिट्टी का सकोरा लिये हुए एहसान साहब बरामद हुए

और बोले—'लीजिए मौलाना! रोज़ा इफ़्तार कीजिए।' मेरे तन बदन में आग लग गई। मैंने सब्र किया और दिल को ये दिलासा दिया कि शायद नमाज़-ए-मग़रिब के बाद पुर-तकल्लुफ़ ख़्वान बिछे। लेकिन हुआ ये कि चंगेर में दो बगड़ की रोटियाँ इतनी सख़्त और ऐंठी हुई कि चबाते ही मुँह से दाँत बाहर आ जाएँ। और चने के साग में इतनी मिर्च कि अल-अमान अल-हफ़ीज़ (ख़ुदा ही ख़ैर करे) खाना तो मैंने खा लिया, लेकिन साथ ही दिल में ये अहद भी किया कि एहसान साहब की दावत कभी क़बूल नहीं करूँगा।"

लापरवाह ऐसे थे कि अपनी रचनाओं की कभी कोई फ़ाइल तक न रखी। जो लिखते, एक गाव तकिये के खोल में डाल देते थे।

22 मार्च, 1982 में, 68 साल की उम्र में देहांत हो गया।

मज़दूर की मौत

(कुछ बंद)

आग चूल्हे में नहीं ये शिद्दत-ए-इफ़लास[1] है
घर का घर ओढ़े हुए गोया रिदा-ए-यास[2] है
ताक़[3] हैं काले धुएँ-से और घड़ों पर काई है
नीम-जाँ ज़र्रात की डूबी हुई बीनाई[4] है
घर के इक कोने में चक्की मुफ़लिसी[5] की राज़दाँ[6]
छत में जालों की चटें, जालों के अंदर मकड़ियाँ
इक तरफ़ को ज़ंग-आलूदा[7] तवा रक्खा हुआ
ख़स्ता दीवट पर सिसकता-सा दिया रक्खा हुआ
रौशनी बेरंग दीवारों पे थर्राती हुई
पपड़ियों में झींगुरों को ख़्वाब दिखलाती हुई
सर्द दिल चूल्हे की कालिक[8] मुज़महिल[9] दीवार पर
टकटकी तारों की इस ख़ामोश मातम ज़ार पर[10]

घर है क्या, अक्स-ए-अलम[11] ज़ुल्मत के आईने में है
इक सुलगता दाग़ आधी रात के सीने में है

मशरिक़ी[12] हिस्से में इक मज़दूर बीमार-ओ-ज़ईफ़[13]
नामुराद-ओ-नातवाँ मजबूर-ओ-मअज़ूर-ओ-नहीफ़[14]

---

1. गरीबी की हद 2. निराशा की चादर 3. आले 4. आधे मरे हुए कणों की दृष्टि 5. गरीबी 6. भेद बताने वाली 7. जंग लगा हुआ 8. ठंडे चूल्हे की स्याही 9. जीर्ण 10. शोक से भरे हुए घर पर 11. दुखों का नक़्शा 12. पूर्वी हिस्से में 13. बूढ़ा 14. असफल, कमज़ोर, मजबूर, दुर्बल, पतला

हैं अरक़ में तर-ब-तर[1] उलझी हुई दाढ़ी के बाल
डूबती नब्ज़ें, उलझती हिचकियाँ, चेहरा निढाल
जाँ-कनी से[2] जिस्म पर ठंडे पसीने की नमी
आरज़ू-ए-दीद में बेशी, बिसारत में कमी[3]
हलका-हलका है वरम पा-ए-बयाबाँ-गर्द पर
सलवटें पड़-पड़ के खुलती हैं जबीन-ए-सर्द पर[4]
ज़िन्दगी पर मौत है तेग़-ओ-तबर तोले हुए
नीम-वा[5] आँखों में मायूसी के दर खोले हुए
ख़ामुशी के बोझ से बैठी हुई आवाज़ है
साज़-ए-दिल उतरा हुआ है हर सदा नासाज़ है

क़ब्र की तारीकियाँ[6] ताबिंदगी की[7] घात में
मौत का ख़ूनी सिपाही ज़िन्दगी की घात में

पास बीवी गोद में बच्चा लिये ख़ामोश है
जिसकी ख़ातिर बेवगी खोले हुए आग़ोश[8] है
लब पे लोरी, गर्म आँसू चश्म-ए-हसरत[9] नाक में
नर्म मौसीक़ी की धारी नाल-ए-शब-चाक में
देगची ख़ाली है चूल्हे पर दिखाने के लिए
मुज़तरिब[10] बच्चों को बहलाकर सुलाने के लिए

कहती है बेताब हैं बच्चे, इलाही क्या करूँ
यह सियह-बख़्ती[11] की रातें! ये तबाही क्या करूँ!

जिस तरह ले कर सँभाला शमअ होती है ख़मोश
यूँ ही जब दम तोड़ते मज़दूर को आता है होश
कहता है बीवी से ख़ालिक़ का[12] बड़ा एहसान है
सो भी जा अब तो मुझे तस्कीन-ओ-इत्मीनान[13] है

---

1. पसीने से भीगी हुई 2. मौत की सख़्ती से 3. अभिलाषापूर्ण आँखों में उम्मीद, किंतु नज़र कमज़ोर 4. ठंडे माथे पर 5. अधखुली 6. क़ब्र के अँधेरे 7. रौशनी की 8. गोद 9. निराश दृष्टि 10. बेचैन 11. फूटे हुए भाग्य की 12. ईश्वर का 13. संतुष्टि और विश्वास

जानिब-ए-गर्दूं[1] उठाता है वो फिर दस्त-ए-दुआ[2]
और कहता है कि सुन ऐ मालिक-ए-हर-दो-सरा!

क्या यही इंसाफ़े-यज़दानी[3] है ऐ परवरदिगार!
क्या तेरे बंदे यूँ ही रहते हैं आफ़त का शिकार?
क्या तेरी ताअत-गुज़ारी का[4] यही इनआम है
चाहने वालों का तेरे क्या यही अंजाम है
क्या नहीं तुझ तक रसाई नातवाँ आवाज़ की[5]
क्या तुझे भाती नहीं लै आँसुओं के साज़ की

ये तेरी ग़ैरत में जज़्ब-ए-बे-नियाज़[6] हाय-हाय
क्या इसी का नाम है मुफ़लिस-नवाज़ी[7] हाय-हाय?

निकाह-ए-सानी (पुनर्विवाह)

(कुछ बंद)

एक बेवा बेवगी के ग़म से तंग आई हुई
कसरत-ए-आलाम[8] की सख़्ती से घबराई हुई
आँख में रंग-ए-हया चेहरे पे आसार-ए-मलाल[9]
मुज़महिल बर्गश्ता क़िस्मत[10], नातवाँ[11] ग़म से निढाल
साथ दो मासूम बच्चे ख़स्ता-जान-ओ-दिल-फ़िगार[12]
जिनकी मासूमी के चेहरे पर यतीमी का ग़ुबार

आ गई मैके में अपना ग़म भुलाने के लिए
भाइयों-बहनों को दाग़-ए-दिल दिखाने के लिए

कुछ दिनों तो घर-का-घर ख़ामोश बे-चून-ओ-चिरा
मज़हब-ओ-तहज़ीब के क़ानून पर चलता रहा

---

1. आसमान की ओर 2. प्रार्थनाबद्ध हाथ 3. ईश्वरीय न्याय 4. पूजा करने वाला 5. कमज़ोर आवाज़ की पहुँच 6. उपेक्षा 7. दीनबंधुत्व 8. दुखों की ज़्यादती 9. रंज के निशान 10. उदास और उद्दंड भाग्य 11. निर्मल 12. कमज़ोर और टूटे हुए दिल

यानी उसकी हर तरह ग़मख़्वारियाँ होती रहीं
फ़र्ज़ के पर्दे में दुनियादारियाँ होती रहीं

रफ़्ता-रफ़्ता फिर मुहब्बत में कमी होने लगी
लुत्फ़ के दामन से पैदा दुश्मनी होने लगी

भावजों के दिल का अक्सर यूँ निकलता था ग़ुबार
उसके मासूमों पे उसके सामने पड़ती थी मार
उँगलियाँ उठती थीं बच्चों पर कि भूके चोर हैं
खा गए ये बाप को कम्बख़्त आदमख़ोर हैं
गरचे कह सकती न थीं कुछ खुल के उसके रू-ब-रू
औरतों में इस तरह होती थी पहरों गुफ़्तगू
"पोर जी कहते हैं सच इसका क़दम मनहूस है
जब से ये आई है इस घर की फ़ज़ा मायूस है
इसके ईमाँ में ख़लल है, इसकी नीयत में फ़ितूर
ये जहाँ होगी वहाँ इदबार[1] आएगा ज़रूर
बद-नज़र ऐसी है जो बच्चा इसे कुछ भा गया
पड़ गया बीमार हँसता-खेलता कुम्हला गया
कौन कहता है निगाहों में नहीं होता असर
टुकड़े कर देती है पत्थर को नदीदों की नज़र
वर्ना आख़िर बात क्या थी कौन-सी उफ़्ताद[2] थी
वो भरा घर क्यों उजड़ता ये जहाँ आबाद थी"

अलग़रज़ क़िस्मत ने की वो सख़्तगीरी इख़्तियार
भाइयों के दिल से भी जाता रहा उसका वक़ार

गुफ़्तगू पर क़ैंचियाँ चलने लगीं तरदीद[3] की
बारिशें हर बात पर होने लगीं ताकीद की[4]

1. मनहूसियत 2. मुसीबत 3. खंडन 4. किसी बात का ज़रूर करने या न करने का हुक्म देना

कोई साअत थी न ऐसी जिसमें फ़हमाइश न थी
उफ़ भरे कुनबे में उस बेवा की गुंजाइश न थी
भावजें मनहूस कह-कह कर बुलाती थीं उसे
तानाहा-ए-तल्ख़ से[1] पहरों रुलाती थीं उसे
उसका दिल था पारा-पारा उसकी आँखें अश्क़रेज़[2]
हर सुहागन उसके साए तक से करती थी गुरेज़

बार[3] था हर-इक को ये तस्वीर-ए-इबरत[4] देखना
बद-शगूनी था सहर को[5] उसकी सूरत देखना

बेवफ़ाई भाइयों की ख़ूँ[6] में दाख़िल हो गई
बदगुमानी ख़ून के रिश्ते में हाइल हो गई
ख़ादिमाएँ[7] भी उसे कहने लगीं सब बदतमीज़
बन गई मामाओं की मामा कनीज़ों की कनीज़[8]
घर के बर्तन माँजती थी तौलिए धोती थी वो
काम में रहती थी दिन-भर रात-भर रोती थी वो
भावजों ने भाइयों को ऐसा बरहम कर दिया
सब ने इस बेवा बहन से बोलना कम कर दिया

फिर भी लेकिन इसने कुछ ख़िदमत में कोताही[9] न की
इख़्तियार उसके किसी जज्बे ने गुमराही न की

भाई आए और बहन से यूँ हुए गर्म-ए-कलाम
"है तुम्हारे वास्ते आज इक मुअज़्ज़िज़ का पयाम[10]
देखकर मौक़े को, तेवर वक़्त के पहचानकर
कर लिया इक़रार हम सबने मुनासिब जानकर"

भाइयों की जब सुनी उस तीरा-क़िस्मत[11] ने ये बात
होंट दाँतों से चबाए रख लिये कानों पे हाथ

---

1. कड़वे तानों से 2. आँसुओं से भरी हुई 3. बोझ 4. वो हालत जिससे नसीहत सीखी जा सके 5. सुबह को 6. आदत 7. नौकरानियाँ 8. लौंडी 9. कमी 10. आदरणीय सज्जन की ओर से विवाह का सुझाव 11. काले भाग्य वाली

रूह घबराई पसीने से जबीं[1] तर हो गई
होंट तो लरज़े मगर गुफ़्तार दूभर हो गई
ज़ब्त का दामन न उसने हाथ से जाने दिया
एक भी आँसू न दिल से आँख तक आने दिया
सिर्फ़ इतना कह सकी डूबी हुई आवाज़ से
"भाई क्यों तंग आ गए मुझ हस्ती-ए-नासाज़ से?
कम नहीं थे भावजों के तानाहा-ए-दिल ख़राश[2]
तुम भी अब करने लगे मेरा कलेजा पाश-पाश[3]
अच्छा कपड़ा और न मुझको अच्छा खाना चाहिए
इन यतीमों की यतीमी को ठिकाना चाहिए
है हिफ़ाज़त फ़र्ज़ इन बच्चों की नन्हीं जान की
यादगारें हैं ये इक गुज़रे हुए इनसान की
मैं ये कब कहती हूँ तुम अपनी बहन जानो मुझे
अपने बच्चों की कनीज़-ए-ख़ास गरदानो मुझे
जब बुरी क़िस्मत है फिर क्यों तालिब-ए-तौक़ीर[4] हूँ
आज से ये भूल जाऊँगी कि मैं हमशीर[5] हूँ
ख़ून का रिश्ता न ज़ाहिर हो सकेगा ज़ी-नहार[6]
कोई पूछेगी तो कह दूँगी कि हूँ ख़िदमत-गुज़ार"[7]

कहते-कहते दिल घुटा आवाज़ भारी हो गई
जिस्म लरज़ा नीम बेहोशी-सी तारी हो गई

भाइयों ने यक ज़बाँ होकर किया उससे ख़िताब
"दूसरे घर के लिए तैयार हो जाओ शिताब[8]
अब इजाज़त के लिए हरगिज़ नहीं आए हैं हम
ज़ाब्ते की इत्तिला-ए-आख़िरी[9] लाए हैं हम"
सुन के उस क़िस्मत की मारी को हुआ बेहद मलाल
मिल गए जब ग़ुस्सा-ओ-ग़म हो गईं आँखें भी लाल

1. माथा 2. दिल पर खरोंच डाल देने वाले ताने 3. टुकड़े-टुकड़े 4. आदर की इच्छुक 5. बहिन, जिसने एक ही माँ का दूध पिया हो 6. कभी 7. दासी 8. जल्दी 9. अंतिम सूचना

और हुई तपते हुए लहजे में यूँ गर्म-ए-कलाम
"'मेरी ख़ुद्दारी[1] न होगी जब्र से हरगिज़ ग़ुलाम
मेरी ग़ैरत इस तहक्कुम को[2] उठा सकती नहीं
मैं नज़र में दूसरे शौहर को ला सकती नहीं
मेरा ईमाँ अपनी ताबानी[3] को खो सकता नहीं
कोई तूफ़ाँ मेरी किश्ती को डुबो सकता नहीं
लीजिए दौलतकदा ख़ाली किये जाती हूँ मैं
साथ अपने दिल के टुकड़ों को लिये जाती हूँ मैं"

क़तआत

चाँद से कुछ दूर इक तारा चमकता है मुदाम[4]
दोनों अपने-अपने मरकज़[5] से मगर हिलते नहीं
जिस तरह दो तालिब-ओ-मतलूब[6] नाराज़ी के बाद
तन्हा-तन्हा[7] राह में चलते हैं और मिलते नहीं

दोपहर का वक़्त, हलका अब्र[8], लू की साँस बंद
हौंकते जंगल के हर ज़र्रे[9] से ज़ाहिर है मलाल
जिस तरह देहात में जब हो वबा[10] फैली हुई
मौत के बीमार को उम्र-ए-गुज़िश्ता[11] का ख़याल

जब किसी की याद आ कर तिलमिला जाता है दिल
जगमगा उठती है कुछ इस शान से बज़्म-ए-दिमाग़[12]
जैसे सावन की बरसती रात में इक नाज़नीं[13]
सहन में ज़ीने से उतरे हाथ में ले कर चराग़
चाँदनी पर अब्र की यूरिश[14] है और पिछला पहर
रेंगते फिरते हैं, यूँ वीराँ गली-कूचों में साए

---

1. स्वाभिमान 2. ज़बरदस्ती के हुक्म को 3. चमक 4. हमेशा 5. केंद्र 6. प्रेमी 7. अलग-थलग 8. घटा 9. कण 10. बीमारी 11. बीती हुई उम्र 12. मन की महफ़िल 13. सुंदरी 14. बादलों का हमला

जिस तरह सुनते ही, इक महबूब मेहमाँ[1] की ख़बर
छुप के कुनबे-भर से कोई नाज़नीं चिलमन[2] में आए

सहर[3] के वक़्त जब शबनम पे नंगे पाँव फिरता हूँ
तो अक्सर इस तरह ख़ुश क़ल्ब-ए-पुर-अरमान[4] होता है
परेशानी में जैसे दोस्तों की बज़्म[5] से उठकर
कहीं तन्हाई में रोने से इतमीनान होता है

जब कोई देता है, नफ़रत से मुहब्बत का जवाब
इस तरह एहसास के मतले[6] पे खिचता है समाँ
दिन ढले जैसे किसी छोटे-से स्टेशन के पास
ज़र्द-रू[7] खेतों पे चलती रेलगाड़ी का धुआँ

रात है, बरसात है, मस्जिद में रौशन है चराग़
पड़ रही है रौशनी भीगी हुई दीवार पर
जैसे इक बेवा के आँसू डूबते सूरज के वक़्त
थम गए हों बहते-बहते चम्पई रुख़सार[8] पर

ले गई वो साथ सारी ज़िन्दगी की रौनक़ें
घर का ये आलम[9] है उनके रूठकर जाने के बाद
जिस तरह देहात के स्टेशनों पर दिन ढले
इक सुकूत-ए-मुज़महिल[10] गाड़ी गुज़र जाने के बाद

---

1. चहीते मेहमान 2. पर्दा 3. सुबह 4. अरमान-भरा दिल 5. महफ़िल 6. चेतना-पटल 7. पीला 8. गाल 9. हालत 10. उदास चुप्पी

ग़ज़ल

1

न सियो होंट, न ख़्वाबों में सदा दो हमको
मस्लहत[1] का ये तक़ाज़ा है, भुला दो हमको

जुर्म-ए-सुक़रात से हटकर न सज़ा दो हमको
ज़ह्र रखा है तो ये आब-ए-बक़ा[2] दो हमको

बस्तियाँ आग में बह जाएँ कि पत्थर बरसें
हम अगर सोए हुए हैं तो जगा दो हमको

हम हक़ीक़त[3] हैं तो तसलीम न करने का सबब?
हाँ अगर हर्फ़-ए-ग़लत[4] हैं तो मिटा दो हमको

ख़िज़्र[5] मशहूर हो, इल्यास[6] बने फिरते हो
कब से हम गुम हैं, हमारा तो पता दो हमको

ज़ीस्त है इस सहर-ओ-शाम से बेज़ार-ओ-ज़बूँ[7]
लाला-ओ गुल[8] की तरह रंग-ए-क़बा[9] दो हमको

शोरीशे-इश्क़[10] में है हुस्न बराबर का शरीक
सोचकर जुर्म-ए-तमन्ना[11] की सज़ा दो हमको

जुरअत-ए-लम्स[12] भी इम्कान-ए-तलब[13] में है मगर
ये न हो और गुनहगार बना दो हमको

क्यों न इस शब से नए दौर का आगाज़ करें
बज़्म-ए-ख़ूबाँ[14] से कोई नग़मा-सरा[15] दो हमको

---

1. भलाई 2. जीवन का पानी 3. सचाई 4. झूठी बात 5. एक अमर पैग़म्बर जिनके अधिकार में वन हैं और जो भूले-भटकों को मार्ग बताते हैं 6. एक पैग़म्बर जो जीवित रहेंगे और जो समुद्रों के संरक्षक हैं 7. अप्रसन्न और दूषित 8. फल 9. वस्त्रों का रंग 10. प्रेम का पागलपन 11. इच्छा का अपराध 12. छूने की उमंग 13. इच्छा की संभावना 14. सुंदरियों की सभा 15. गायक

मक़सद-ए-ज़ीस्त[1] ग़म-ए-इश्क़ है, सहरा हो कि शहृ
बैठ जाएँगे, जहाँ चाहो बिठा दो हमको

हम चट्टानें हैं, कोई रेत के साहिल तो नहीं
शौक़ से शहृ-पनाहों[2] में लगा दो हमको

भीड़ बाज़ार-ए-समाअत[3] में है नग़मों की बहुत
जिससे तुम सामने उभरो, वो सदा दो हमको

कौन देता है मुहब्बत को परस्तिश[4] का मुक़ाम
तुम ये इंसाफ़ से सोचो तो दुआ दो हमको

आज माहौल को आराइशे-जाँ[5] से है गुरेज़[6]
कोई दानिश की ग़ज़ल ला के सुना दो हमको

2

कभी-कभी जो वो गुरबत-कदे[7] में आए हैं
मेरे बहे हुए आँसू, जबीं पे लाए हैं

न सरगुज़िश्त-ए-सफ़र[8] पूछ, मुख़्तसर ये है
कि अपने नक़्श-ए-क़दम हमने ख़ुद मिटाए हैं

नज़र न तोड़ सकी आँसुओं की चिलमन को
वो रोज़ गरचे मेरे आईने में आए हैं

उस एक शमा से उतरे हैं बाम-ओ-दर[9] के लिबास
उस एक लौ ने बड़े फूल-बन जलाए हैं

---

1. जीवन का उद्देश्य 2. फ़सीलें 3. सुनने वालों का बाज़ार 4. पूजा 5. जीवन की सज्जा 6. घृणा 7. उजड़ा हआ घर 8. यात्रा की कथा 9. छत और दरवाज़ा

ये दोपहर, ये ज़मीन पर लिपा हुआ सूरज
कहीं दरख़्त न दीवार-ओ-दर के साए हैं

कली-कली में है धरती के दूध की ख़ुशबू
तमाम फूल उस एक माँ के जाए हैं

नज़र ख़लाओं पे और इंतज़ार-ए-बे-वादा
ब-ई-अमल भी वो आँखों में झिलमिलाए हैं

फ़ुसून-ए-शेर[1] से हम उस मह-ए-गुरेज़ाँ[2] को
ख़लाओं से सर-ए-काग़ज़ उतार लाए हैं

रिसाला हाथ से रखते न क्यों वो शरमा कर
ग़ज़ल पढ़ी है तो हम सामने भी आए हैं

चले हैं ख़ैर से उनको पुकारने दानिश
मगर वो यूँ तो न आएँगे और न आए हैं

3

कुछ लोग जो सवार हैं काग़ज़ की नाव पर
तोहमत तराशते हैं हवा के दबाव पर

मौसम है सर्द-मेह्र[3], लहू है जमाव पर
चौपाल चुप है, भीड़ लगी है अलाव पर

सब चाँदनी से ख़ुश हैं, किसी को ख़बर नहीं
फाहा है माहताब का गरदूँ के घाव पर

अब वो किसी बिसात की फ़ेहरिस्त में नहीं
जिन मनचलों ने जान लगा दी थी दाँव पर

---

1. शायरी का जादू 2. भागता हुआ चाँद 3. कठोर

सूरज के सामने हैं नए दिन के मरहले[1]
अब रात जा चुकी है गुज़श्ता[2] पड़ाव पर

गुलदान पर है नर्म सवेरे की ज़र्द धूप
हलक़ा बना है काँपती किरनों का घाव पर

यूँ ख़ुद-फ़रेबियों में सफ़र हो रहा है तय
बैठे हैं पुल पे और नज़र है बहाव पर

क्या दौर है कि मरहम-ए-ज़ंगार की जगह
अब चारागर शराब छिड़कते हैं घाव पर

पहले कभी रिवाज बनी थी न बेहिसी
नादिम बिगाड़ पर हैं न ख़ुश हैं बनाव पर

दानिश मेरे शरीक-ए-सफ़र हैं वो कज-मिज़ाज[3]
साहिल ने जिनको फेंक दिया है बहाव पर

4

वफ़ा का अह्द[4] था दिल को सँभालने के लिए
वो हँस पड़े, मुझे मुश्किल में डालने के लिए

बँधा हुआ है, बहारों का अब वहीं ताँता
जहाँ रुका था मैं काँटे निकालने के लिए

कोई नसीम[5] का नग़मा, कोई शमीम[6] का राग
फ़ज़ा को अम्न के क़ालिब[7] में ढालने के लिए

ख़ुदा-न-कर्दा[8], ज़मीं पाँव से अगर खिसकी
बढ़ेंगे तुंद[9] बगूले सँभालने के लिए

1. कठिन काम 2. पिछला 3. जिसके स्वभाव में टेढ़ापन हो 4. वचन 5. ठंडी और धीमी हवा
6. सुगंध 7. साँचा 8. ईश्वर न करे 9. तेज़

उतर पड़े हैं किधर से ये आँधियों के जुलूस
समंदरों से जज़ीरे निकालने के लिए

तेरे सलीक़ा-ए-तरतीब-ए-नौ[1] का क्या कहना
हमीं थे क़रया-ए-दिल[2] से निकालने के लिए

कभी हमारी ज़रूरत पड़ेगी दुनिया को
दिलों की बर्फ़ को शोलों में ढालने के लिए

ये शोबदे[3] ही सही, कुछ फ़ुसूँ-गरों[4] को बुलाओ
नई फ़ज़ा में सितारे उछालने के लिए

है सिर्फ़ हमको तेरे ख़ाल-ओ-ख़द का अंदाज़ा
ये आईने तो हैं हैरत में डालने के लिए

न जाने कितनी मुसाफ़त से आएगा सूरज
निगार-ए-शब[5] का जनाज़ा निकालने के लिए

मैं पेशरौ[6] हूँ इसी ख़ाक से उगेंगे चराग़
निगाह-ओ-दिल के उफ़ुक़[7] को उजालने के लिए

फ़सील-ए-शब[8] से कोई हाथ बढ़ने वाला है
फ़ज़ा[9] की जेब से सूरज निकालने के लिए

कुएँ में फेंक के पछता रहा हूँ ऐ दानिश
कमंद थी जो मीनारों पे डालने के लिए

5

सोज़-ए-जुनूँ[10] को दिल की ग़िज़ा[11] कर दिया गया
इक ज़ह्र-ए-जाँ-तलब[12] को दवा कर दिया गया

---

1. नए प्रबंध की हुनरमंदी 2. हृदय 3. जादू के खेल 4. जादूगरों 5. रात की मूर्ति 6. पथ-प्रदर्शक 7. क्षितिज 8. रात की फ़सील 9. वातावरण 10. उन्माद की जलन 11. खुराक 12. जानलेवा ज़हर

नासूर भर सके न फ़ुग़ाँ[1] ज़ब्त हो सकी
जब नै[2] को नैसाँ[3] से जुदा कर दिया गया

अह्ल-ए-वफ़ा[4] में मौत की तल्ख़ी को सर-ब-सर[5]
क़ंदाब -ए-ज़िन्दगी[6] से सिवा[7] कर दिया गया

अज़बर[8] करा दिया है ख़िज़ाँ को निसाब-ए-गुल[9]
सरसर[10] को दर्स[11] दे के सबा[12] कर दिया गया

सूरज के रंग-रंग की किरनें बिखेर कर
मिट्टी का ज़र्द खेत हरा कर दिया गया

लहकी अज़ान बजने लगे रास्तों के फ़र्श
किरनों को क़ैद-ए-शब[13] से रिहा कर दिया गया

रूह-ए-बहार! ख़ून-ए-शहीदाँ का रंग देख
ख़ाक-ए-चमन को लाला-क़बा[14] कर दिया गया

ख़ुसरो के इक मज़ार-ए-मुक़द्दस[15] की आड़ में
कितने गदागरों[16] का भला कर दिया गया

पीछे हटूँ तो आग है आगे बढ़ूँ तो ग़ार[17]
ये क्या मुक़ाम मुझ को अता[18] कर दिया गया

क़ुरबान ऐसे साहिब-ए-मेराज[19] पर जिसे
दीदार[20] आसमाँ पर बुला कर दिया गया

दानिश कोई ये ख़ू-ए-करीमी[21] कहाँ से लाए
जो जिसकी आरज़ू थी अता कर दिया गया

---

1. क्रंदन, आर्तनाद 2. बाँसुरी 3. बैसाख 4. प्रेम करने वाले 5. बिलकुल 6. जीवन की मिठास 7. अलग 8. रटाना 9. फूलों का पाठ्यक्रम 10. आँधी 11. पाठ, सबक़ 12. समीर 13. रात की कैद 14. सुर्ख रंग 15. पवित्र क़ब्र 16. फ़कीर 17. गहरा गढ़ा 18. भेंट 19. प्रतिष्ठित महानात्मा, यहाँ अभिप्राय पैग़म्बर हजरत मुहम्मद से है 20. दर्शन 21. दैनिक प्रकृति, ईश्वरीय स्वभाव

जमील नज़र

नाम : जमील अहमद। तखल्लुस : नज़र। इनका जन्म 12 दिसंबर, 1925 को सिरोली (उत्तर प्रदेश) में हुआ। गाँव सिरोली, तहसील आँवला, जिला बाँसबरेली में था, इसलिए बरेलवी हुए। 1943 में बरेली से मिडिल पास किया। 1945 में 'मुंशी फ़ाज़िल' किया। शिवा बरेलवी के शागिर्द हुए। तख़ल्लुस उस्ताद ही ने सुझाया। बीस बरस की उम्र में शादी कर ली। 1946 में कारोबार शुरू किया जो 1950 में एक बलवे की नज़र हो गया। जेल भी काटी। उसी साल 28 अप्रैल को पाकिस्तान आ गए। इधर-उधर नौकरियाँ करने के बाद इंटर-कांटीनेंटल होटलों की चेन में अकाउंटेंट हुए। सन् 1977 से सऊदी अरब में रह रहे थे।

बरसों शायरी से दूर रहने के बाद, जमील ने सन् 1966 के बाद से फिर लिखना शुरू किया। अपने-आप को न रूढ़िवादी मानते हैं, न अत्याधुनिक। ग़ज़ल के शायर हैं और सफ़ाई से लिखते हैं। उर्दू की कई हस्तियों ने जमील की तारीफ़ की है। लेकिन इस तारीफ़ के जुमले इतने चालू और सपाट हैं कि कई बार लगता है कि ये प्रशंसा उनके फ़न की नहीं, दोस्ती और ख़ुलूस की है। मिसाल के तौर पर जमील के दोस्त अहमद नदीम क़ासमी का कहना है कि "जमील नज़र को पढ़ते हुए दिल-ओ-दिमाग़ के मुख्तलिफ़ खानों को जगाना या गतिमान नहीं करना पड़ता।" मालूम नहीं, क्या मतलब हुआ इस फ़िक़रे का? ये तारीफ़ है या कमख़्वाब के दस्ताने में लिपटी चपत? मुश्फ़िक़ ख़्वाजा ये कहकर जान छुड़ा जाते हैं कि जमील "अपनी ग़ज़ल के आईने में जदीद ग़ज़ल का चेहरा एक ख़ूबसूरत अंदाज़ में पेश करते हैं।" क्या ये वही फ़िक़रा नहीं जो हर शहरी-देहाती, बूढ़े-जवान, नए-पुराने, घटिया-बढ़िया शायर पर, लिहाज़ की ख़ातिर रखने को, चस्पाँ किया जाता है? सही आलोचना एक कलाकार की विशिष्टता को उजागर करती है। खरा आलोचक ईमानदारी से लिख रहा हो तो सिफ़ारिशी चिट्ठियों वाले रेलवे लाइनों की तरह एकरस विशेषण टपकाने की जगह ये साफ़ करता है कि कवि की रचना दूसरे सह-

कर्मियों से किन मानों में अलग है। जमील के हिमायतियों ने उनके लेखन की विशिष्टताएँ उजागर करने की बजाय उन्हें जिस वाह-वाह पर नचाया है, उसमें परंपरागत प्रशंसा का पुरशोर लेकिन भर्राया हुआ खोखलापन है, आशंसित आस्था का आत्मनिरीक्षण नहीं।

जमील की सोलह साल की रचनाओं का संग्रह 'ग़ज़ल चेहरा' (1980) ख़ूबसूरत ढंग से एक शानदार किताब की शक्ल में छपा। इस कारनामे का सेहरा वे अपने बेटों के सिर बाँधते हैं।

18 अगस्त, 1993 को इनका निधन हो गया।

ग़ज़ल

1

हौसले अपने रहनुमा तो हुए
हादसे[1] ग़म का आसरा तो हुए

बेवफ़ा ही सही ज़माने में
हम किसी फ़न की इंतिहा[2] तो हुए

वादी-ए-ग़म[3] के हम खँडहर ही सही
आने वालों का रास्ता तो हुए

कुछ तो मौजें उठीं समंदर से
बे-सबब[4] ही सही ख़फ़ा तो हुए

उनको अपना ही ग़म सही लेकिन
वो किसी ग़म में मुब्तिला[5] तो हुए

ख़ुद को बेगाना कर के दुनिया से
चंद चेहरों से आशना तो हुए

ख़ंदा-ए-गुल[6] हुए कि शोला-ए-जाँ[7]
हाल पे मेरे लब-कुशा[8] तो हुए

---

1. दुर्घटनाएँ 2. चरम सीमा 3. दुख की घाटी 4. अकारण 5. ग्रस्त 6. मुस्कुराये 7. क्रोधित 8. होंठ खुलना (बोलना)

पत्थरों के नगर में जा के नज़र
कम से कम संग-आशना[1] तो हुए

2

वो मेरी दुनिया का मालिक था मगर मेरा न था
मैंने इस अंदाज़ पर पहले कभी सोचा न था

एक मुद्दत तक रहा ख़ुशफ़हमियों[2] में मुब्तिला
आईने के रू-ब-रू जब तक मेरा चेहरा न था

तोहमतों को एक ऐसे अजनबी की थी तलाश
जो कभी घर से निकल कर राह में ठहरा न था

हो चुकी थीं शोहरतें रुसवाइयों से हमकिनार
भूल जाता मैं जिसे वो सानिहा[3] ऐसा न था

मेरी नज़रों में है ख़ाका वो भी हुस्न-ए-दोस्त का
जिसको लोगों ने अभी तक ज़ह्न में सोचा न था

मैं उठूँ, तो रंग लाएँ तज़किरों[4] के सिलसिले
लोग इतना तो कहें कि आदमी अच्छा न था

लोग इस अंदाज़ में देते हैं दुनिया की मिसाल
मैं तो जैसे तजुर्बों के दौर से गुज़रा न था

इक नया अहसास देते हैं अह्ल-ए-संग को
आबरू के साथ रहना शह्र में अच्छा न था

क्या असर-अंदाज़ होता उस पे अफ़साना नज़र
लफ़्ज़ भी माँगे हुए, मफ़्हूग[5] भी अपना न था

---

1. पत्थरों से परिचित 2. अच्छा गुमान 3. दुर्घटना 4. चर्चा 5. अर्थ

3

अपने बारे में जब भी सोचा है
उसका चेहरा नज़र में उभरा है

तजुर्बों ने यही बताया है
आदमी शोहरतों का भूका है

देखिए तो है कारवाँ वर्ना
हर मुसाफ़िर सफ़र में तनहा है

उसके बारे में सोचने वालो
देख लो अब ये हाल अपना है

कौन बंदिश लगाए ख़ुशबू की
इश्क़ फ़ितरत का इक तकाज़ा है

याद आई है जाने किस-किस की
लब पे जब ज़िक्र उसका आया है

फ़िक्र की तल्ख़ियों में गुम होकर
आदमी बे-सबब भी हँसता है

आरज़ूमंद[1] कोई हो तो कहूँ
मेरे दिल में भी इक तमन्ना है

मेरे चेहरे पर जो लिखा है नज़र
ग़ौर से किसने उसको समझा है

---

1. अभिलाषी

अशआर

दार की राह से बच कर भी गुज़र सकता था
मैंने सोचा कि तुम्हारी भी शिकायत न रहे

मुहब्बतें न सही, नफ़रतें तो हैं उसमें
न पहले मुझसे जुदा था न अब जुदा है वो

मेरी तनहाइयों की दुनिया में
लोग रहते हैं आसपास बहुत

हर ज़ह्न पे हैं मसलहत-ए-वक़्त[1] के पहरे
आईने भी इज़हार-ए-सदाक़त[2] नहीं करते

हुआ ये शह्र में रुसवाइयों से अंदाज़ा
कुछ और दिन अभी जीना है तोहमतों[3] के लिए

जो थोड़ी देर न आता ख़याल-ए-तनहाई
तुम्हारे शह्र की हद से निकल गए होते

मैंने अकसर तराश कर देखा
हुस्न देता है पत्थरों को ग़ुरूर

---

1. समय की पुकार 2. सच्ची बात कहना 3. आरोपों

जमील-उद्दीन आली

पूरा नाम : जमील-उद्दीन अहमद ख़ाँ। इनका जन्म 20 जनवरी, 1925 को दिल्ली में हुआ। ग़ालिब वाले नवाब लोहारू के सगे पोते हैं। कविता में दर्द और दाग़ के परंपरावाहक हैं। तेरह बरस की उम्र से शेर कहने लगे। दाग़ के शागिर्द हजरत-ए-साइल को ग़ज़लें दिखानी शुरू कीं, पर जल्द ही कला-प्रश्नों के मतभेद पर अलग हो गए। लेखन शुरू करते समय गुरु श्रद्धा से अभिभूत हो कर अपना तख़ल्लुस 'माइल' रखा था। साइल से हटे तो माइल से भी गए। कहने लगे, "एक दूर के चचा का तख़ल्लुस भी माइल है, सो हमें नहीं जँचेगा।" मगर फिर ये किया कि अपने सगे चचा का तख़ल्लुस आली ले उड़े और आलीजी कहलाए। तालीम दिल्ली ही में पाई। 1944 में एंग्लो-अरेबिक कॉलिज, दिल्ली से बी.ए. के बाद बुलंदशह्र में, मगर अपने ही ख़ानदान की बीवी से, शादी कर ली। 1944 से 1947 तक शऊर पर धार धरवाते, मुल्क-भर के अवामी जलसों, मेलों-ठेलों, तेलंगाना की किसान-तहरीक, चौपालों में फिरे। आली की शैली पर देहाती गीतों, ग्रामीण दोहों, आल्हा-ऊदल, बंगला ज़बान और लोक-गीतों का पुट इन्हीं तीन सालों की जन-यात्रा का असर है।

1947 में पाकिस्तान आ गए। सिविल सर्विस इम्तहान पास करने के बाद इनकम टैक्स आफ़ीसर लगे। 1963 तक शिक्षा मंत्रालय में रजिस्ट्रार, कॉपीराइट हो गए थे। पर अप्रैल 1966 में सरकारी नौकरी से त्यागपत्र दे दिया। इस्तीफ़े के वक़्त नेशनल प्रेस ट्रस्ट के सेक्रेटरी थे। 1976 से नेशनल बैंक में एक बड़े ओहदे पर रहे।

आलीजी पाकिस्तान राइटर्स गिल्ड के अग्रगामी सदस्यों में से हैं। गिल्ड के सेक्रेटरी-जनरल बनने पर उन्होंने आदमजी अदबी इनआम, दाउद अदबी इनआम और गिल्ड के अपने पुरस्कार जारी करवाने के साथ-साथ अकेडमी ऑफ़ लैटर्ज़ का ख़ाका मंजूर कराया। सन् 1960 में अंजुमन तरक़्क़ी-ए-उर्दू के सेक्रेटरी जनरल होने के बाद पाकिस्तानी डेलीगेट हो कर रूस गए। 1961 में यूनेस्को स्कॉलरशिप मिला। 1962 में हारवर्ड यूनिवर्सिटी के इंटरनेशनल सेमिनार में रहे।

1966-67 में पाकिस्तान राइटर्स गिल्ड का चीन से सहयोग बढ़ाने के सिलसिले में चीन रहे। 1968 में पाकिस्तान के नेशनल कल्चरल कमीशन के उपसभापति थे। नोबेल प्राइज तो नहीं मिला, पर एक बार नोबेल पुरस्कार वितरण समारोह में भाग लेने के लिए आमंत्रित अवश्य हुए थे।

आली ने लंबे समय तक एक लंबा ड्रामा 'इनसान' लिखा, जो 1949 से 1958 तक धारावाहिक छपा। जब बाद में कभी उमंग में आते थे तो एक-आध क़िस्त और लिख मारते थे। लेकिन पूरा नहीं कर सके। किसी नाटककार ने 'इनसान' को स्टेज पर अदा करने की कोशिश भी नहीं की।

जमील-उद्दीन आली, सन् 1977 में पीपिल्ज़ पार्टी के टिकट पर क़ौमी असेंबली के लिए खड़े हुए। चुनाव क्षेत्र : कराची। पोलिंग दंगई हड़बौंग की नज़र हो गई और आली हार गए। आली की दुनियावी ज़िन्दगी में शायद ये एक अकेली हार थी।

आली शुरू से ही मानते थे कि कविता सामाजिक क्रांति का हथियार है। शायद इसीलिए वो निहायत पाटदार आवाज़ में तरन्नुम से पढ़ते थे। आली के गीत इस क़दर लोकप्रिय हुए कि उनका 'जीव-जीवे पाकिस्तान' तो तकरीबन पाकिस्तानी क़ौमी तराने का बदल बन गया है। ग़ज़ल पर जोर कम रहा।

तीन मजमूए शायरी के छप चुके हैं, जिनमें 'ग़ज़लें दोहे गीत' बहुत पहले का है। 1957-74 तक की रचनाएँ 'ला-हासिल' में लार्क पब्लिशर्स, कराची ने 1974 में शाया की। तीसरा संग्रह क़ौमी गीतों का मजमूआ 'जीवे-जीवे पाकिस्तान' है। सफ़रनामों के संग्रह का शीर्षक है : 'दुनिया मेरे आगे'। जमील-उद्दीन आली 'जंग' में कॉलम लिखते थे, सो दोस्तों के अलावा दुश्मनों की भी कमी नहीं रही।

23 नवंबर, 2015 को इनका निधन हो गया।

यौम-ए-मई

जीवन-भर तो आलीजी ने प्रेम तराने गाए
वक़्त की लय बदली तो ये भी गीत नये ले आए

जिसकी गाढ़ी-खरी कमाई मुफ़्त में तुमने खाई
आज से पहले आलीजी तुम्हें उसकी याद न आई

जीते जी लहू के दरिया जिसने रोज़ बहाए
आलीजी कभी तुमने उस पर दो आँसू न गिराए

लोहे जैसे तन और मन सब बनते जाएँ राख
और तुम पत्थर बन कर चाहो पारस जैसी साख

छाया माँगे और फल माँगे पंछी-सा मज़दूर
आली तेरी कविता ऐसी जैसे पेड़ खजूर

जिसकी रंगत हलदी जैसी जिसकी जान अज़ाब
उसको भूल कर तूने आली सूँघे सुर्ख़ गुलाब

मूरख अब भी आँखें खोल और देख समय का खेल
टूट रही है सूख रही है ज़ुल्म की इक-इक बेल

ओ दीवार पुरानी हट जा, तेज़ है जनता धार
अब तेरी बंसी नहीं बजेगी चलेगी अब तलवार

छुई-मुई जैसा बन के न रह और जंतर-मंतर छोड़
मज़दूर और किसान से मिल जा उन्हीं से नाता जोड़

उनसे नाता जोड़ ले आली और रखियो ये याद
झूट ने अब तक कैसे-कैसे कवि किये बरबाद

इश्क़ छुपे और मुश्क छुपे और जोबन तक छुप जाए
सच्चा बोल और झूटी कविता कभी नहीं छुप पाए

जीवे पाकिस्तान*

जीवे, जीवे, जीवे पाकिस्तान
पाकिस्तान, पाकिस्तान, जीवे पाकिस्तान
पाकिस्तान, पाकिस्तान, जीवे पाकिस्तान
जीवे, जीवे, जीवे, जीवे
जीवे, जीवे, जीवे पाकिस्तान
पाकिस्तान, पाकिस्तान, जीवे पाकिस्तान
पाकिस्तान, पाकिस्तान, जीवे पाकिस्तान
मन पंछी जब पंख हिलाए
क्या-क्या सुर बिखराए
सुनने वाले सुनें तो उनको
एक ही धुन लहराए
पाकिस्तान, पाकिस्तान, जीवे पाकिस्तान
जीवे, जीवे, जीवे पाकिस्तान
पाकिस्तान, पाकिस्तान, जीवे पाकिस्तान
पाकिस्तान, पाकिस्तान, जीवे पाकिस्तान
जीवे, जीवे, जीवे, जीवे
जीवे, जीवे, जीवे, जीवे
पाकिस्तान, पाकिस्तान, जीवे पाकिस्तान
पाकिस्तान, पाकिस्तान, जीवे पाकिस्तान

* ये गीत पहली बार जब टी. वी. पर गाया गया तो आवाज़ शहनाज़ बेगम की थी और धुन सुहेल राना की। यही धुन आम है।

पुन्नूँ बिन कब सस्सी हुई और राँझा बिन कब हीर
कोई तुझ पर क्यों सती हो आली सती माँगे वीर
चौदह इल्म को जानने वाला तुझ ही-सा राजा भोज
इक त्रिया से हार गया, क्यों हार गया अब खोज

ग़िनाइया

कितने दिन से
सलाम ख़ाक को
इक ख़्वाव की तावीर[1]

झना नन झनन

एक बे-नाम और बे-क़िस्म कलाम

मैंने दीवार-ए-काबा से इकदम चिमटकर कहा
ऐ ख़ुदा
ऐ ख़ुदा
ऐ ख़ुदा
और फिर कुछ नहीं कह सका

ग़ज़ल

1

ताज़ा माँगें हैं फ़साने हमसे
जब मिलें दोस्त पुराने हमसे

क्यों छुपाए थे ये आलम-ए-सफ़र[2]
तेरे नक़्श-ए-कफ़-ए-पा[3] ने हमसे

1. स्वप्नफल 2. यात्रा के कष्ट 3. पाँव के तले के निशान

क्या भरोसा है कि सब पूछते हैं
तुमसे मिलने के बहाने हमसे

एक-इक शेर पे छिन जाते हैं
कितने दर्दों के ख़ज़ाने हमसे

दर्द-ए-दिल ठैर ज़रा देख उन्हें
कौन लाया है मिलाने हमसे

अब तो माने हो कि इस दौर में भी
मिल ही जाते हैं दिवाने हमसे

सारी आवारा-मिज़ाजी सीखी
तेरे कूचे की हवा ने हमसे

सारे अतवार-ए-दिल-आवेज़[1] लिए
तेरे अंदाज़-ओ-अदा ने हमसे

कभी माँगा था यही सोज-ओ-गुदाज़[2]
तेरी आँखों की फ़ज़ा ने हमसे

कभी चाहा था यही शोर-ए-ख़ामोश
तेरी सद-लहजा सदा ने हमसे

आओगे या हमें बुलवाओगे
पूछते हैं वो ज़माने हमसे

---

1. सुंदर आचरण 2. नर्मी और गर्मी

2

ज़रा भी छू लो तो उड़ जाऊँ कहकशाँ की तरह
पड़ा हुआ हूँ मैं इक तीर-ए-बेकमाँ की तरह

ये फ़ासले भी उफ़ुक़ से ज़ियादा दूर नहीं
ज़मीन पर उतर आओगे आस्माँ की तरह

हज़ार नाम जो अब याद भी नहीं आते
चमक रहे थे कभी नक़्श-ए-जाविदाँ[1] की तरह

ग़बी न जान जो चुप हैं कि हम भी होते थे
कभी शरार[2], कभी गुल तेरी ज़ुबाँ की तरह

जुदा हुए भी तो दोनों की राख चमकी
सुलग चुकी है तेरी रूह मेरी जाँ की तरह

पहुँच के मंज़िल-ए-जानाँ पे हम बिखर-से गए
किसी थके हुए सालार-ए-कारवाँ की तरह

वो अब भी हमको बिठाते हैं अपनी महफ़िल में
मगर बस एक पुराने फ़साना-ख़्वाँ की तरह

तलब ज़्यादा रसद कम मईशत-ए-दिल[3] में
ख़मोशियों की भी क़ीमत लगी फ़ुगाँ[4] की तरह

सवाब का भी वसीला है सोहबत-ए-ना-जिंस[5]
तमाम वक़्त गुज़रता है इम्तिहाँ की तरह

---

1. अनश्वर चित्र 2. चिनगारी 3. मन का अर्थशास्त्र 4. आर्तनाद 5. अशिष्ट की संगत

मैं एक जान हूँ कब तक हज़ार सम्त[1] खिचूँ
अब आए मौत गले से लगाए माँ की तरह

यह कम नहीं कि मैं जीता हूँ इस तरह जिससे
हर एक लुत्फ़ उठाता है दास्ताँ की तरह

अशआर

वो क्या है काबा-ए-दिल में कि ढूँढ़ने जिसको
कभी सनम, कभी इंसाँ, कभी ख़ुदा आया

बीमार को शक है तो मिटा क्यों नहीं देते
जो लोग मसीहा हैं शिफ़ा[2] क्यों नहीं देते

ख़ैर और तो सब मुद्दई बे-गुनही हैं
हैरत है कि तुम हमको सज़ा क्यों नहीं देते

मेरे शेरों में रहते हैं तेरे बिन
सारे मिसरे जुदा-जुदा जैसे

इक बरस का शदीद ज़ख़्म-ए-फ़िराक़
एक लम्हे में भर गया जैसे

---

1. दिशा 2. रोगमुक्ति

नसीर आरज़ू

असली नाम : नसीर-उद्दीन खाँ। तख़ल्लुस आरज़ू रखा। इनका जन्म 4 अगस्त, 1923 को जयपुर (राजस्थान) में हुआ। पहली ग़ज़ल 1938 में अपने पिता जनाबे नज़ीर को दिखाई जो ख़ुद शायर थे और रियासत की फ़ौज में रिसालदार। नसीर आरज़ू ने उर्दू-फ़ारसी की तालीम अपने वालिद से ही पाई। ग़ज़ल पर डाँट पड़ी कि बी.ए. पास कर लो तो शेर कहना। मगर आरज़ू ने वालिद के आँखें बंद करते ही अगले साल, यानी 1939 में, क़ाज़ी नूर अहमद साहिब तनवीर को कलाम दिखाकर बाक़ायदा शायरी की दाग़बेल डाल दी। 1947 तक तनवीर साहिब ही के शागिर्द रहे। नसीर आरज़ू को लफ़्फ़ाज़ी से गुरेज़ है और धर्म के नाम पर किए जाने वाले मिथ्याचार से सख़्त घृणा। लेकिन लगता है कि वे या तो ग़ज़ल के परंपरागत रूपकों से नहीं छूट पाए या उन्होंने अपनी सारी ज़िन्दगी में किसी ढंग के शख़्स से मुहब्बत नहीं की, क्योंकि उनकी शायरी का महबूब हरजाई, सितमगर, ज़ालिम, बेवफ़ा, तुनुकमिज़ाज और कुल मिलाकर एक बहुत क्रूर क़िस्म का व्यक्ति है।

ग़ज़ल

1

उनसे मायूस-ए-इल्तिफ़ात[1] नहीं
गो[2] ब-ज़ाहिर[3] तवक़्क़ोआत[4] नहीं

इश्क़ ही वजह-ए-मुश्किलात नहीं
यूँ भी ग़म से कहीं निजात नहीं

इश्क़ की अज़मतें[5] बजा लेकिन
इश्क़ ही मक़्सद-ए-हयात[6] नहीं

जिनको आसाइशें[7] मयस्सर हैं
वो भी आसूदा-ए-हयात[8] नहीं

इश्क़ है ताब-आज़मा[9] लेकिन
आप चाहें तो कोई बात नहीं

वो ख़फ़ा और इक जहाँ दुश्मन
अब कोई सूरत-ए-हयात[10] नहीं

अज़्म-ए- तकमील-ए- आरज़ू[11] करते
ज़िन्दगी को मगर सबात[12] नहीं

---

1. दया से निराश 2. यद्यपि 3. स्पष्टत: 4. आशाएँ 5. महिमा 6. जीवन का उद्देश्य 7. सुख 8. जीवन से संतुष्ट 9. सहन-शक्ति को आज़माने वाला 10. जीने का उपाय 11. मनोकामना पूरा करने का संकल्प 12. स्थिरता

2

जिगर में दर्द तो है दिल में इज़्तिराब[1] तो है
तुम्हारे ग़म में मेरी ज़िन्दगी ख़राब तो है

मैं सिर्फ़ तीरा-शबी[2] पर यक़ीं नहीं रखता
अभी ज़मीं पे चमकने को आफ़ताब तो है

अभी सुरूर के अस्बाब पाए जाते हैं
कि मयकदे में सुराही तो है, शराब तो है

हर एक शख़्स ज़माने में इंक़िलाबी है
कि इंक़िलाब नहीं, फ़िक्र-ए-इंक़िलाब[3] तो है

गुज़र रही है तसव्वुर में ज़िन्दगी अपनी
अब आरज़ू न सही आरज़ू का ख़्वाब तो है

3

इतना मानूस है दिल आपके अफ़साने से
अब किसी तौर बहलता नहीं बहलाने से

जाम-ओ-मीना के तअय्युन[4] से है बाला साक़ी
जर्फ़[5] देखा नहीं जाता किसी पैमाने से

आओ तजदीद-ए-वफ़ा[6] फिर से करें हम वर्ना
बात कुछ और उलझ जाएगी सुलझाने से

है समझना तो मुहब्बत से गुज़र ऐ हमदम
बात आएगी समझ में न यूँ समझाने से

1. व्याकुलता 2. रात का अँधेरा 3. क्रांति की चिंता 4. अस्तित्व 5. सहनशीलता 6. प्रेम की प्रतिज्ञा

अब न चाहोगे किसी और को तसलीम मगर
फ़ायदा क्या है मेरे सिर की क़सम खाने से

मैं तही-होश[1] सही आपका इरशाद[2] बजा
आप बेकार उलझने लगे दीवाने से

आरज़ू शिकवा-ब-लब[3] हो तो रहे हो लेकिन
फ़ायदा गुज़री हुई बात को दोहराने से

---

1. नासमझ 2. कहना 3. होंठों पर उलाहना

नियाज़ बदायूँनी

नाम : नियाज़ अहमद सिद्दीक़ी। अप्रैल 1934 में मौलवी सलमान अहमद हिलाली सिद्दीक़ी एडवोकेट के यहाँ मदीनतुल-औलिया बदायूँ में पैदा हुए। बरेली कॉलेज से बी.ए.। नियाज़ बदायूँनी ने परंपरागत ग़ज़लें ही लिखी हैं। लेकिन चूँकि आँख तरक़्क़ी-पसंदों में खोली, इसलिए लहजा बोसीदा नहीं, ताज़ा है। नियाज़ ने परंपरा का अनुशीलन किया है, नक़्ल नहीं की। नए और पुराने के इस संतुलन की बदौलत वे न इतने आधुनिक हुए हैं कि हर वक़्त जामे से बाहर होते फिरें, और न ही इतने पुराने कि अजायबघर में रखने की ज़रूरत पड़े। बक़ौल अफ़ज़ाल अहमद, "नियाज़ बदायूँनी कराची के पहले शायर हैं जो एक तरफ़ हर तरह बदायूँनी हैं तो दूसरी तरफ़ भरपूर कराचवी। उनकी कविताओं में एक तरफ़ छोटे क़स्बे के पड़ोसी के दुख में कंधा देने वाला ख़ुलूस है और दूसरी तरफ़ मुनाफ़ाख़ोर अमानवीयता के प्रति गहरी वितृष्णा।"

1955 से पाकिस्तान में रहे। 1958 में *दीवान-ए-ग़ालिब* के पहले प्रकाशक और निज़ामी प्रेस के संस्थापक मौलवी निज़ामुद्दीन मरहूम की पोती को बदायूँ से ब्याह लाए। पहले वित्त मंत्रालय में मुलाज़िम थे, फिर मौसम के महकमे में रहे। कराची में एक रिसाले 'अंजुम' का संपादन करते रहे। फिर थोड़े दिनों शायरी ठप रही। बाद में फिर उबल पड़े।

कृति : 'दर्द को किताब किया' (1981), लिटरेट (पाक) कराची।

सिला-ए-शहीद क्या है...

(8 जनवरी, 1953 को कराची में शहीद होने वाले तुलबा के नाम)

न जाने कितनी हसीन रूहें वुजूद पाने से रह गई हैं
न जाने कितनी अज़ीम[1] नसलें लहू की सूरत में बह गई हैं
यही लहू था
कि जिस लहू ने रुख़-ए-उरूस-ए-वतन[2] निखारा
कभी बनाई भगत की सूरत कभी बहादुर का रूप धारा
यही लहू फिर उफ़ुक़[3] से आज अपने साथियों को पुकारता है

हज़ीं[4] न हो पेश-रौ अज़ीज़ो[5]!
अभी यहाँ हैं तुम्हारे साथी
कि जिनके सीनों में ज़ौ-फ़िशाँ हैं[6]
तुम्हारी यादों के दीप जो ज़ुलमतों[7] में रस्ते दिखा रहे हैं
तुम्हारे हमदम उसी फ़ज़ा में हयात[8] के गीत गा रहे हैं

अजल से आँखें मिला रहे हैं
जो तुमने रौशन किये थे हम वे चिराग़ फिर से जला रहे हैं
हज़ीं न हो पेश-रौ अज़ीज़ो! तुम्हारे पीछे हम आ रहे हैं।

---

1. महान 2. देश की दुलहन का चेहरा 3. क्षितिज 4. दुखी 5. मित्रो 6. रौशनी फैला रहे हैं 7. अँधेरों 8. जीवन

अजनबी

दिल के वीराना-ए-ख़ामोश[1] में इक उम्र के बाद
आज ये कौन दबे पाँव चला आता है

इस ख़राबे में भी क्या कोई परी उतरी है
दिल की धड़कन है कि पायल की सदा है छम-छम
जैसे पहरों कहीं बरबत-सा बजाए कोई
किसके क़दमों की ये आहट का गुमाँ है हरदम

किसके पैराहन-ए-रंगी[2] की बहारों के तुफ़ैल
दिल में हर लहजा नए फूल खिले जाते हैं
जाने किस दस्त-ए-हिनाई[3] का तसव्वुर है कि आज
चाक ख़ुद जेब-ओ-गरीबाँ[4] के सिले जाते हैं

कौन अँगड़ाई-सी लेता है ये सह्न-ए-दिल में
रग-ए-जाँ[5] टूट के मैख़ाना बनी जाती है
किसकी पायल की सदा घोल रही है अमृत
तल्ख़ी-ए-ज़ीस्त[6] इक अफ़साना बनी जाती है

किसकी ख़ुशबू-ए-बदन है कि मेरे ज़ह्न पर आज
एक जादू की तरह छाए चली जाती है
किसकी दोशीज़गी-ए-जिस्म[7] की गर्मी है कि जो
मेरे अहसास को गर्माए चली जाती है

सोचता हूँ कि किसी पैकर-ए-नाज़ुक[8] के लिए
दिल की उजड़ी हुई वादी को सजा दूँ पहले
एक मुद्दत से निहाँ-ख़ाना-ए-दिल[9] है तारीक
शमा नौख़ेज़[10] उम्मीदों की जला दूँ पहले

---

1. निर्जन स्थान 2. रंगीन वस्त्र 3. मेंहदी लगे हाथ 4. गला और जेब 5. सबसे बड़ी ख़ून की रग 6. ज़िन्दगी की कटुता 7. कुमारपन 8. कोमल शरीर 9. मन का तहखाना 10. नवांकुरित

लेकिन अब शमा जलाने की ज़रूरत भी नहीं
चाँद आकाश से सीने में ढला आता है
दिल के वीराना-ए-ख़ामोश में इक उम्र के बाद
एक अनजान दबे पाँव चला आता है

ग़ज़ल

1

सदा पे जिसकी दिल-ए-परीशाँ[1] ठहर गया कौन शख़्स था वो
इक आशना था कि अजनबी था किधर गया कौन शख़्स था वो

अभी वो बस्ती बसी हुई है बहुत-से लोगों को याद होगा
हमारी चाहत से रूप जिसका निखर गया कौन शख़्स था वो

सुना तो हमने सड़क के उस पार फिर कोई हादसा हुआ है
कहा तो सबने कि एक राहगीर मर गया कौन शख़्स था वो

दरख़्त गिरने में ऐ हवाओ! दरख़्त ही का ज़ियाँ नहीं है
कि जिससे मिल कर वुजूद मेरा बिखर गया कौन शख़्स था वो

शिआर-ए-हमसायगी[2] तो ये है पड़ोस के लोग सो न पाएँ
अभी दबे पाँव जो गली से गुज़र गया कौन शख़्स था वो

कभी सर-ए-राह इत्तफ़ाक़न जो अजनबी की तरह मिला था
नियाज़ फिर मेरी रूह में भी उतर गया कौन शख़्स था वो

2

जो उसको देखने वाला दिखाई देता है
वो ख़ुद भी एक तमाशा दिखाई देता है

1. व्याकुल मन 2. पड़ोसियों का आचरण

मेरा हुनर मेरा फ़न क़द में मुझसे ऊँचे हैं
कहाँ हूँ मैं ये मुझे क्या दिखाई देता है

मुझे भी ख़तरा-ए-शबख़ूँ[1] है दोस्तो लेकिन
अभी तो दिन का उजाला दिखाई देता है

वो एक लफ़्ज़ जिसे हम ख़ुलूस[2] कहते हैं
तमाम शह्र को धुँधला दिखाई देता है

यह वाक़िआ है कि ख़्वाबों में बस गया है कोई
ये ख़्वाब है कि वो तुम-सा दिखाई देता है

यही जो कूचा-ओ-बाज़ार में सुकूत[3] रहा
मुझे ये शह्र उजड़ता दिखाई देता है

ख़ुलूस-ए-अह्ल-ए-सियासत[4] डुबो न दे कि नियाज़
सराब दूर से दरिया दिखाई देता है

अशआर

नींद भी रूठ गई ख़्वाब भी रंजीदा हो गए
रात-भर तुझको ग़ज़ल कह के सँवारा मैंने

शह्र वीराना लग रहा है मुझे
इसको कहते हैं कर्ब-ए-तनहाई[5]

क्या मिला चंद पत्थरों के सिवा
और शौक़-ए-नजूम-ओ-माह[6] करो

---

1. रात के अँधेरे में आक्रमण का भय 2. निश्छलता 3. ख़ामोशी 4. नीतिज्ञों की निश्छलता 5. तनहाई का दुख 6. चाँद और सितारों की चाह

चुप थे तो नियाज ऐसे चुप थे ख़ुद शान-ए-करम[1] अफ़सुर्दा[2] थी
माँगा तो कुछ इतना माँग लिया गुंजाइश-ए-दामाँ[3] भूल गए

ऐ हमनफ़सो[4] लाज़िम[5] तो नहीं हर एक को औज-ए-दार[6] मिले
होंटों पे मेरे सच बात तो है जब भी इज़्न-ए-इज़हार[7] मिले

सारी बस्ती के दर-ओ-बाम[8] से ग़द्दारी है
अपने हमसाए का घर आग में जलते देना

निज़ाम-ए-मयकदा[9] की बात है मयकश[10] ही समझें
यहाँ भी ये फ़क़ीह-ए-शह्र[11] उलझा जाए है मुझसे

दूरी अगर घटे तो कुछ अपना पता चले
सब लोग पस्त-क़द[12] हैं जो है फ़ासला अभी

---

1. ख़ुदा 2. उदास 3. दामन का सामर्थ्य 4. मित्रो 5. ज़रूरी 6. फाँसी का मान 7. बात कहने की इजाज़त 8. छतें और दरवाज़े 9. मदिरालय की व्यवस्था 10. शराबी 11. शहर का धर्मशास्त्री 12. बौने

परवीन शाकिर

उठती जवानी के कच्चे मगर ख़ुशबूदार जज्बों की शायरा परवीन शाकिर 24 नवंबर, 1952 को कराची में पैदा हुईं थीं। वालिद सैयद शाकिर अली, जो टेलीफ़ोन के महकमे में थे, पटना से आए थे। परवीन ने सर सैयद गर्ल्स कॉलेज, कराची से बी.ए., कराची यूनिवर्सिटी से अंग्रेजी एम.ए. (1972) और भाषा-विज्ञान में एम.ए. (1980) किया है। 1976 में खाला के बेटे डॉक्टर नसीर अली से ब्याह दी गईं।

दस बरस अब्दुल्ला गर्ल्स कॉलेज, कराची में पढ़ाया। 1982 में पाकिस्तान सिविल सर्विस इम्तहान में दूसरा स्थान प्राप्त करने के बाद सरकारी नौकरी में रहीं।

शायरी का पहला मजमूआ 'ख़ुशबू' 1977 में मकतबा फ़ुनून, लाहौर से शाया हुआ। दूसरा 'सद बर्ग' लाहौर ही के ग़ालिब पब्लिशर्स ने 1980 में शाया किया। 'ख़ुशबू' की तो ख़ूब धूम मची, मगर 'सद बर्ग' के लिए वो बात न हुई। शायद लोगों की सारी अपेक्षाओं पर पूरी न उतरी। जमहूरियत-पसंदों को परवीन से शिकायत रही कि वे हुक्मरानों से मेल-जोल बढ़ाती रहीं। परंपरावादी उनका वो खुला अंदाज़ पसंद नहीं करते थे जो उन्होंने कली से फूल बनती लड़कियों के देह-भाव अभिव्यक्त करने के लिए अपनाया। कई आलोचकों को उनके कथ्यप्रयोगों में भाषा की ग़लतियाँ नज़र आईं तो कई यही सोच-सोचकर परेशान रहे कि परवीन स्त्रियों की भावनाओं का विवरण देते समय देह-अंग-उत्तेजना के रूपक क्यों उघाड़ती हैं। लेकिन इन सब आपत्तियों से परवीन की लोकप्रियता में कोई फ़र्क नहीं पड़ा। वे पाकिस्तान की पहली शायरा हैं जिसने जवान होते जिस्म की गुंजाइशों और फ़रमाइशों, किशोर लड़कियों के कच्चे मगर परीशान कर देने वाले जज़्बों, दुखों और उमंगों का बेबाक चित्रण किया है। ख़ुशबूदार सचाइयों की तरह हौले-हौले मगर चारों तरफ़ फैलती हुई परवीन की कविताएँ, उन तमाम आलोचकों का मुँहतोड़ जवाब हैं जो कोसते-कोसते परवीन को सलाह

देते रहे कि एक तीस साल की शादीशुदा खातून को पंद्रह साल की लौंडियों वाली बातें नहीं करनी चाहिए।

परवीन की नज़्में उनके फ़न की नुमाइंदा हैं। मगर शायद उनका अस्ल कारनामा ग़ज़ल में है। पारिभाषिक तौर पर गज़ल औरतों से बातें करने को कहते हैं और वो भी मर्द की तरफ़ से। सो अकसर जब औरतों ने ग़ज़ल लिखी है, तो ऐसे जैसे कोई पुरुष प्रणय-निवेदन कर रहा हो। परवीन ने इस ढोंग को तोड़ा। उन्होंने ग़ज़ल का इस्तेमाल मर्द की औरत से बातचीत के लिए नहीं, औरत की अपनी भावनाओं की अभिव्यक्ति के लिए किया। यही उनकी विशिष्टता थी।

26 दिसंबर, 1994 को इनका निधन हो गया।

बस इतना याद है

दुआ तो जाने कौन-सी थी
ज़ह्न में नहीं
बस इतना याद है
कि दो हथेलियाँ मिली हुई थीं
जिनमें एक मेरी थी
और इक तुम्हारी

ज़िद

मैं क्यों उसको फ़ोन करूँ!
उसके भी तो इल्म में होगा
कल शब
मौसम की पहली बारिश थी

इतना मालूम है

अपने बिस्तर पे बहुत देर से मैं नीम-दराज़[1]
सोचती हूँ कि वो इस वक़्त कहाँ पर होगा
मैं यहाँ हूँ मगर उस कूचा-ए-रंग-ओ-बू में
रोज़ की तरह से वो आज भी आया होगा
और जब उसने वहाँ मुझको न पाया होगा

1. अध-लेटी

आपको इल्म है, वो आज नहीं आई हैं?
मेरी हर दोस्त से उसने यही पूछा होगा
क्यों नहीं आई वह? क्या बात हुई है आख़िर?
ख़ुद से इस बात पे सौ बार वो उलझा होगा
कल वो आएगी तो मैं उससे नहीं बोलूँगा
आप-ही-आप कई बार वो रूठा होगा
वो नहीं है तो बुलंदी का सफ़र कितना कठिन
सीढ़ियाँ चढ़ते हुए उसने ये सोचा होगा
राहदारी में, हरे लॉन में, फूलों के क़रीब
उसने हर सम्त[1] मुझे आन के ढूँढ़ा होगा

नाम भूले से जो मेरा कहीं आया होगा
ग़ैर-महसूस तरीक़े से वो चौंका होगा
एक जुमले को कई बार सुनाया होगा
बात करते हुए सौ बार वो भूला होगा
ये जो लड़की नई आई है, कहीं वो तो नहीं
उसने हर चेहरा यही सोच के देखा होगा
जान-ए-महफ़िल है, मगर आज, फ़क़त मेरे बग़ैर
हाय किस दरजा[2] वही, बज़्म में तन्हा होगा
कभी सन्नाटों से वहशत जो हुई होगी उसे
उसने बेसाख़्ता फिर मुझको पुकारा होगा

चलते-चलते कोई मानूस-सी आहट पा कर
दोस्तों को भी किसी उज़्र से रोका होगा
याद कर के मुझे, नम हो गई होंगी पलकें
'आँख में पड़ गया कुछ' कह के ये टाला होगा
और घबरा के किताबों में जो ली होगी पनाह
हर सतर में मेरा चेहरा उभर आया होगा

1. दिशा 2. कितना

जब मिली होगी उसे मेरी अलालत[1] की ख़बर
उसने आहिस्ता से दीवार को थामा होगा

सोच कर यह, कि बहल जाए परीशानी-ए-दिल
यूँही बेवजह, किसी शख़्स को रोका होगा।

इत्तफ़ाक़न मुझे उस शाम मेरी दोस्त मिली
मैंने पूछा कि सुनो आए थे वो? कैसे थे?
मुझको पूछा था? मुझे ढूँढ़ा था चारों जानिब?
उसने इक लम्हे को देखा मुझको और फिर हँस दी
उस हँसी में वो तल्खी थी कि उससे आगे
क्या कहा उसने मुझे याद नहीं लेकिन
इतना मालूम है ख़्वाबों का भरम टूट गया।

गंगा से

जुग बीते
दजला[2] से इक भटकी हुई लहर
जब तेरे पवित्र चरणों को छूने आई तो
तेरी ममता ने अपनी बाँहें फैला दीं
और तेरे हरे किनारों पर तब
अनन्नास और कटहल के झुंड में घिरे हुए
खपरैलों वाले घरों के आँगन में किलकारियाँ गूँजीं
मेरे पुरखों की खेती शादाब हुई
और शगुन के तेल के दिये की लौ को ऊँचा किया
फिर देखते-देखते
पीले फूलों और सुनहरी दियों की जोत
तेरे फूलों वाले पुल की क़ौस से होती हुई

1. बीमारी 2. एक नदी जो बग़दाद के नीचे बहती है।

मेहरान की ओर पहुँच गई
मैं उसी जोत की नन्ही किरन
फूलों का थाल लिये तेरे क़दमों में फिर आ बैठी हूँ
और तुझसे अब बस एक दया की तालिब हूँ
यूँ अंत समय तक तेरी जवानी हँसती रहे,
पर ये शादाब हँसी
कभी तेरे किनारों के लब से
इतनी न झलक जाए
कि मेरी बस्तियाँ डूबने लग जाएँ...
गंगा प्यारी!

जीवन-साथी से!

धूप में बारिश होते देख के
हैरत करने वाले!
शायद तूने मेरी हँसी को
छू कर
कभी नहीं देखा!

तूने कभी सोचा

गिला[1] कमगोई[2] का मुझसे बजा है
लेकिन ऐ जान-ए-सुख़न!
तूने कभी सोचा
कि तेरी सम्त जब मैं आँख भर कर देखती हूँ तो
मेरी हलकी-सुनहरी जिल्द[3] के नीचे
अचानक
इतने ढेरों नन्हे-नन्हे-से दिये क्यों जलने लगते हैं?

1. उलाहना 2. कम बोलने का 3. त्वचा

कन्यादान

बाल संदल के पानी में भीगे हुए
जिस्म चंदन के मस[1] से दमकता हुआ
आँख ख़्वाबों की अफ़्शाँ[2] से बोझल बहुत
होंठ पर अनकही का मज़ा!
गोरी-गोरी कलाई से लिपटी हुई मोतिये की लड़ी
सुर्ख़ ज़रतार[3] जोड़े में सिमटी हुई एक कच्ची कली
गाहे-गाहे झलकती हुई मोहिनी शक्ल वो चाँद-सी
चूड़ियों की खनक
और पायल की छनछन से छनती हुई
कैसी प्यारी हँसी
तिस पे सखियों की वो छेड़ कि
आईने से भी नज़रें मिलाई नहीं जा सकें!
शामियाने के परली तरफ़,
वक़्त के जब्र[4] के सामने,
चुप खड़ी मामता—
जिसके चारों तरफ़
तश्ना[5] होठों, गुरिसना[6] निगाहों, लटकती जुबानों, बदन-गीर[7]
ग़ुर्राहटों का अजब ग़ोल है
और उसी ग़ोल से
अपनी नाज़ों की पाली की ख़ातिर
बड़े सब्र से
एक मजबूर हिरनी की सूरत वो चुन लाई है
इक ज़रा कम-ज़रर[8] भेड़िया!

---

1. स्पर्श 2. सुनहरा 3. सोने के या सुनहरी तारों से बना हुआ 4. अत्याचार 5. प्यासे 6. भूखी 7. शरीर पर छाने वाली 8. कम हानि पहुँचाने वाला

बारिशों की कुछ नज़्में

1

नवेद कोई बनाम-ए-मौसम
न तहनियत कोई चश्म-ए-नम को
न मुस्कुराने का था सबब कुछ
मगर मिले तो
ख़ुशी छुपाए न छुप रही थी
हम अपनी आवाज़ सुन के हैरान हो रहे थे
हमारे लहजे में
रात-भर होने वाली बारिश खनक रही थी!

2

पैरों की मेहंदी मैंने
किस मुश्किल से छुड़ाई थी
और फिर बैरन ख़ुशबू की
कैसी-कैसी विनती की थी
प्यारी धीरे बोल
भरा घर जाग उठेगा
लेकिन जब उसके आने की घड़ी हुई
सुबह से ऐसी झड़ी लगी
उम्र में पहली बार मुझे
बारिश अच्छी नहीं लगी!

3

बारिश अब से पहले भी कई बार हुई थी
क्या इस बार मेरे रंगरेज़ ने चुनरी कच्ची रँगी थी
या तन का ही कहना सच कि
रंग तो उसके होंठों में था!

4

बारिश में क्या तन्हा भीगना लड़की!
उसे बुला जिसकी चाहत में
तेरा तन-मन भीगा है
प्यार की बारिश से बढ़ कर क्या बारिश होगी
और जब इस बारिश के बाद
हिज्र की पहली धूप खिलेगी
तुझ पर रंग के इस्म खुलेंगे

ग़ज़ल

1

खुली आँखों में सपना झाँकता है
वो सोया है कि कुछ-कुछ जागता है

तेरी चाहत के भीगे जंगलों में
मेरा तन, मोर बन के नाचता है

मुझे हर कैफ़ियत में क्यों न समझे
वो मेरे सब हवाले जानता है

मैं उसकी दस्तरस[1] में हूँ, मगर वो
मुझे मेरी रज़ा[2] से माँगता है

किसी के ध्यान में डूबा हुआ दिल
बहाने से मुझे भी टालता है

1. पहुँच 2. स्वीकृति

2

अक्स-ए-ख़ुश्बू[1] हूँ, बिखरने से न रोके कोई
और बिखर जाऊँ तो मुझको न समेटे कोई

काँप उठती हूँ मैं ये सोच के तनहाई में
मेरे चेहरे पे तेरा नाम न पढ़ ले कोई

जिस तरह ख़्वाब मेरे हो गए रेज़ा-रेज़ा[2]
इस तरह से न कभी टूट के बिखरे कोई

मैं तो उस दिन से हिरासाँ[3] हूँ कि जब हुक्म मिले
ख़ुश्क फूलों को किताबों में न रक्खे कोई

अब तो इस राह से वो शख़्स गुज़रता भी नहीं
अब किस उम्मीद पे दरवाज़े से झाँके कोई

कोई आहट, कोई आवाज़ कोई चाह नहीं
दिल की गलियाँ बड़ी सुनसान हैं, आए कोई

3

जुस्तजू खोए हुओं की उम्र-भर करते रहे
चाँद के हमराह अब हर शब सफ़र करते रहे

रास्तों का इल्म[4] था हमको न सम्तों[5] की ख़बर
शह्र-ए-नामालूम[6] की चाहत मगर करते रहे

हमने ख़ुद से भी छुपाया और सारे शह्र को
तेरे जाने की ख़बर दीवार-ओ-दर करते रहे

---

1. सुगंधि की छाया 2. कण-कण 3. भयभीत 4. पता 5. दिशा (बहु.) 6. अज्ञात शहर

वो न आएगा हमें मालूम था उस शाम भी
इंतज़ार उसका मगर कुछ सोच कर करते रहे

आज आया है हमें भी उन उड़ानों का ख़याल
जिनको तेरे ज़ोम[1] में बे-बाल-ओ-पर करते रहे[2]

4

ज़िन्दगी से नज़र मिलाओ कभी
हार के बाद मुस्कुराओ कभी

तर्क-ए-उल्फ़त[3] के बाद उम्मीद-ए-वफ़ा[4]
रेत पर चल सकी है नाव कभी!

अब जफ़ा[5] की सराहतें[6] बेकार
बात से भर सका है घाव कभी

शाख़ से मौज-ए-गुल[7] थमी है कहीं!
हाथ से रुक सका है बहाव कभी

अंधे ज़ेहनों[8] से सोचने वालो
हर्फ़[9] में रौशनी मिलाओ कभी

बारिशें क्या ज़मीं के दुख बाँटें
आँसुओं से बुझा अलाव कभी

1. गुमान 2. बाज़ू और पर काटते रहे 3. प्रेम का त्याग 4. प्रेम की आशा 5. अत्याचार
6. स्पष्टी करण 7. फूल का उत्साह 8. बुद्धि (बहु.) 9. अक्षर

5

ख़ुश्बू है वो तो छू के बदन को गुज़र न जाए
जब तक मेरे वुजूद[1] के अंदर उतर न जाए

ख़ुद फूल ने भी होंट किए अपने नीम-वा[2]
चोरी तमाम रंग की, तितली के सर न जाए

ऐसा न हो कि लम्स[3] बदन की सज़ा बने
जी फूल का, हवा की मुहब्बत से भर न जाए

इस खौफ़ से वो साथ निभाने के हक़ में है
खोकर मुझे ये लड़की कहीं दुख से मर न जाए

शिद्दत की नफ़रतों में सदा जिसने साँस ली
शिद्दत का प्यार पा के ख़ला[4] में बिखर न जाए

उस वक़्त तक किनारों से नद्दी चढ़ी रहे
जब तक समुंदरों के बदन में उतर न जाए

पलकों को उसकी अपने दुपट्टे से पोंछ दूँ,
कल के सफ़र में आज की गर्द-ए-सफ़र[5] न जाए

मैं किसके साथ भेजूँ उसे आज की दुआ
क़ासिद[6], हवा, सितारा, कोई उसके घर न जाए

6

बिछड़ा है जो इक बार तो मिलते नहीं देखा
इस ज़ख़्म को हमने कभी सिलते नहीं देखा

इस बार जिसे चाट गई धूप की ख़्वाहिश
फिर शाख़ पे उस फूल को खिलते नहीं देखा

---

1. अस्तित्व 2. अधखुले 3. स्पर्श 4. अंतरिक्ष 5. यात्रा की धूल 6. पत्र-वाहक

यकलख़्त[1] गिरा है तो जड़ें तक निकल आईं
जिस पेड़ को आँधी में भी हिलते नहीं देखा

काँटों में घिरे फूल को चूम आएगी लेकिन
तितली के परों को कभी छिलते नहीं देखा

किस तरह मेरी रूह हरी कर गया आख़िर
वो ज़ह्र जिसे जिस्म में खिलते नहीं देखा

7

टूटी है मेरी नींद मगर तुमको इससे क्या
बजते रहें हवाओं से दर, तुमको इससे क्या

तुम मौज-मौज[2] मिस्ल-ए-सबा[3] घूमते रहो
कट जाएँ मेरी सोच के पर, तुमको इससे क्या

औरों का हाथ थामो, उन्हें रास्ता दिखाओ
मैं भूल जाऊँ अपना ही घर, तुमको इससे क्या

अब्र-ए-गुरेज़-पा[4] को बरसने से क्या ग़रज़
सीपी में बन न पाए गुहर[5], तुमको इससे क्या

ले जाएँ मुझको माल-ए-ग़नीमत के साथ अदू[6]
तुमने तो डाल दी है सिपर[7], तुमको इससे क्या

तुमने तो थक के दश्त[8] में ख़ेमे लगा लिये
तन्हा कटे किसी का सफ़र, तुमको इससे क्या

1. अचानक 2. ख़ुशी-ख़ुशी 3. ठंडी हवा की तरह 4. भागती हुई घटा 5. मोती 6. शत्रु 7. ढाल 8. जंगल

8

सुकूँ भी ख़्वाब हुआ, नींद भी है कम-कम फिर
क़रीब आने लगा दूरियों का मौसम फिर

बना रही है तेरी याद मुझको सिल्क-ए-गुहर[1]
पिरो गई मेरी पलकों में आज शबनम फिर

वो नर्म लहजे में कुछ कह रहा है फिर मुझसे
छिड़ा है प्यार के कोमल सुरों में मद्धम फिर

तुझे मनाऊँ, कि अपनी अना[2] की बात सुनूँ
उलझ रहा है मेरे फ़ैसलों का रेशम फिर

मैं उसकी बात न समझूँ, न वो मेरी नज़रें
मुआमलात-ए-ज़बाँ[3] हो चले हैं मुबहम[4] फिर

ये आने वाला नया दुख भी इसके सर ही गया
चटख़ गया मेरी अंगुश्तरी[5] का नीलम फिर

वो एक लम्हा कि जब सारे रंग एक हुए
किसी बहार ने देखा न ऐसा संगम फिर

बहुत अज़ीज़[6] हैं आँखें मेरी उसे, लेकिन
वो जाते-जाते इन्हें कर गया है पुरनम[7] फिर

---

1. मोतियों की लड़ी 2. अहम् 3. बातचीत के विषय 4. अस्पष्ट 5. अंगूठी 6. प्रिय 7. आँसुओं से भरी हुई

9

धनक-धनक मेरी पोरों के ख़्वाब कर देगा
वो लम्स[1] मेरे बदन को गुलाब कर देगा

क़बा-ए-जिस्म[2] के हर तार से गुज़रता हुआ
किरन का प्यार मुझे आफ़ताब कर देगा

जुनूँ-पसंद[3] है दिल, और तुझ तक आने में
बदन को नाव, लहू को चनाब कर देगा

मैं सच कहूँगी, मगर फिर भी हार जाऊँगी
वो झूट बोलेगा और लाजवाब कर देगा

अना-परस्त है इतना, कि बात से पहले
वो उठ के बंद मेरी हर किताब कर देगा

सुकूत-ए-शह्र-ए-सुख़न[4] में वो फूल-सा लहजा[5]
समाअतों[6] की फ़ज़ा[7] ख़्वाब-ख़्वाब कर देगा

इसी तरह से अगर चाहता रहा पैहम[8]
सुख़नवरी[9] में मुझे इंतिख़ाब[10] कर देगा

मेरी तरह से कोई है, जो ज़िन्दगी अपनी
तुम्हारी याद के नाम इंतिसाब[11] कर देगा

---

1. स्पर्श 2. शरीर के वस्त्र 3. पागलपन पसंद करने वाला 4. बातों के शहर का सन्नाटा 5. बात करने का ढंग 6. श्रवण शक्ति (बहु.) 7. वातावरण 8. निरंतर 9. शायरी 10. चयन 11. समर्पण

10

तमाम लोग अकेले थे, राहबर[1] ही न था
बिछड़ने वालों में इक मेरा हमसफ़र ही न था

बरहना[2] शाख़ों का जंगल गड़ा था आँखों में
वो रात थी कि कहीं चाँद का गुज़र ही न था

तुम्हारे शहर की हर छाँव मेहरबाँ थी मगर
जहाँ पे धूप कड़ी थी, वहाँ शजर[3] ही न था

समेट लेती शिकस्ता[4] गुलाब की ख़ुशबू
हवा के हाथ में ऐसा कोई हुनर[5] ही न था

मैं इतने साँपों को रस्ते में देख आई थी
कि तेरे शह्र में पहुँची तो कोई डर ही न था

कहाँ से आती किरन ज़िन्दगी के ज़िन्दाँ[6] में
वो घर मिला था मुझे जिसमें कोई दर ही न था

बदन में फैल गया सुर्ख़[7] बेल की मानिंद
वो ज़ख़्म सूखता क्या, जिसका चारागार ही न था

हवा के लाए हुए बीज फिर हवा को गए
खिले थे फूल कुछ ऐसे कि जिनमें ज़र[8] ही न था

क़दम तो रेत पे साहिल ने भी न रखने दिया
बदन को जकड़े हुए सिर्फ़ इक भँवर ही न था

---

1. पथ-प्रदर्शक 2. नंगी 3. पेड़ 4. टूटे हुए 5. गुण 6. कारागार 7. लाल 8. धन

11

तराश कर मेरे बाज़ू, उड़ान छोड़ गया
हवा के पास बरहना[1] कमान छोड़ गया

रफ़ाक़तों[2] का मेरी, उसको ध्यान कितना था
ज़मीन ले ली मगर आस्मान छोड़ गया

अजीब शख़्स था, बारिश का रंग देख के भी
खुले दरीचे पे इक फूलदान छोड़ गया

जो बादलों से भी मुझको छुपाए रखता था
बढ़ी है धूप तो बेसायबान छोड़ गया

निकल गया कहीं अनदेखे पानियों की तरफ़
ज़मीं के नाम खुला बादबान[3] छोड़ गया

उक़ाब[4] को थी ग़रज़ फ़ाख़्ता[5] पकड़ने से
जो गिर गई तो यूँ ही नीम-जान[6] छोड़ गया

न जाने कौन-सा आसेब[7] दिल में बसता है
कि जो भी ठहरा वो आख़िर मकान छोड़ गया

अक़ब[8] में गहरा समुंदर है, सामने जंगल
किस इंतिहा[9] पे मेरा मेहरबान छोड़ गया

12

सुंदर, कोमल सपनों की बारात गुज़र गई जानाँ!
धूप आँखों तक आ पहुँची है रात गुज़र गई जानाँ!

भोर समय तक जिसने हमको बाहमा[10] उलझा रक्खा
वो अलबेली रेशम ऐसी बात गुज़र गई जानाँ

---

1. नंगी 2. मैत्री (बहु.) 3. पोत-पट 4. गरुड़ 5. पंडुक 6. अधमुई 7. भूत-प्रेत 8. पीछे 9. छोर 10. एक साथ

सदा की देखी रात हमें इस बार मिली तो चुपके से
ख़ाली हाथ पे रख के क्या सौग़ात गुज़र गई जानाँ

किस कोंपल की आस में अब तक वैसे ही सरसब्ज़[1] हो तुम
अब तो धूप का मौसम है, बरसात गुज़र गई जानाँ

लोग न जाने किन रातों की मुरादें माँगा करते हैं
अपनी रात तो वो जो तेरे साथ गुज़र गई जानाँ!

अब तो फ़क़त सय्याद की दिलदारी का बहाना है वर्ना
हमको दाम में लाने वाली घात गुज़र गई जानाँ!

13

हथेलियों की दुआ फूल लेके आई हो
कभी तो रंग मेरे हाथ का हिनाई हो

कोई तो हो जो मेरे तन को रौशनी भेजे
किसी का प्यार हवा मेरे नाम लाई हो

गुलाबी पाँव मेरे चम्पई बनाने को
किसी ने सह्न में मेहंदी की बाढ़ उगाई हो

कभी तो हो मेरे कमरे में ऐसा मंज़र भी
बहार देख के खिड़की से मुस्कुराई हो

वो सोते-जागते रहने के मौसमों का फ़ुसूँ[2]
कि नींद में हों मगर नींद भी न आई हो

1. हरी-भरी 2. जादू

14

वो जब से शह्र-ए-ख़राबात को रवाना हुआ
बराह-ए-रास्त मुलाक़ात को जमाना हुआ

वो शह्र छोड़ के जाना तो कब से चाहता था
ये नौकरी का बुलावा तो इक बहाना हुआ

ख़ुदा करे तेरी आँखें हमेशा हँसती रहें
ये आँखें जिनको कभी दुख का हौसला न हुआ

कनार-ए-सह्न-ए-चमन सब्ज़ बेल के नीचे
वो रोज़ सुबह का मिलना तो अब फ़साना हुआ

मैं सोचती हूँ कि मुझ में कमी थी किस शय की
कि सबका हो के रहा वो, बस इक मेरा न हुआ

किसे बुलाती हैं आँगन की चम्पई शामें
कि वो अब अपने नए घर में भी पुराना हुआ

धनक[1] के रंग में साड़ी तो रंग ली मैंने
और अब ये दुख, कि पहन कर किसे दिखाना हुआ

मैं अपने कानों में बेले के फूल क्यों पहनूँ
ज़बान-ए-रंग से किसको मुझे बुलाना हुआ

अशआर

मेरे चेहरे पे ग़ज़ल लिखती रहीं
शेर कहती हुई आँखें उसकी

1. इंद्रधनुष

अब तो इस राह से वो शख़्स गुज़रता भी नहीं
अब किस उम्मीद पे दरवाज़े से झाँके कोई

जो हर्फ़-ए-सादा की सूरत हमेशा लिखी गई
वो लड़की तेरे लिए किस तरह पहेली हुई

अब कैसी पर्दादारी, ख़बर आम हो चुकी
माँ की रिदा तो, दिन हुए, नीलाम हो चुकी

न सिर को फोड़ के तू मर सका तो क्या शिकवा
वफ़ा-शिआर कहाँ मैं भी हीर ऐसी थी

मैं भी कितनी भोली थी, एक लुत्फ़-ए-मूबहम[1] पर
रक़्स-गह में गुरगाबी छोड़कर चली आई

किसी बस्ती में होगी सच की हुरमत[2]
हमारे शह्र में बातिल[3] बड़ा है

सोच रखना भी जराइम[4] में है शामिल अब तो
वही मासूम है, हर बात पे जो 'साद करे'[5]

कुछ तो तेरे मौसम ही मुझे रास कम आए
और कुछ मेरी मिट्टी में बग़ावत भी बहुत है

वो तरदीद-ए-वफ़ा तो कर रहा था
मगर उस शख़्स की हालत अजब थी

---

1. अस्पष्ट सुख 2. सम्मान 3. झूठ 4. अपराध 5. ठीक कहे

पाशा रहमान

अबू सुनीम पाशा। इनका जन्म 21 दिसंबर, 1940 को अज़ीमाबाद (पटना) में हुआ। रहमतुल्ला मॉडल हाईस्कूल, ढाका से मैट्रिक (1956), क़ाइद-ए-आज़म कॉलेज से बी.ए. (1960), ढाका यूनिवर्सिटी से एम.ए. (1962), गवर्नमेंट कॉलेज, ढाका में तीन साल अध्यापन, चंद महीने 'ढाका मॉर्निंग न्यूज़' में सब-एडीटरी, फिर आफ़िसर्स कंपिटीशन में उत्तीर्ण हो कर इनकम टैक्स अफ़सर। बंगलादेश बनने पर कराची चले आए। शायरी 1960 से शुरू की, शादी 1967 में।

पाशा रहमान को अपनी कविता-यात्रा के प्रारंभ में उस्ताद हसन रज़ा दायरवी का प्रोत्साहन मिला। उनकी रचनाओं में दो तत्त्व मुखर हैं : बंगलादेश से देश निकाले का बिछोह और भाग्यवादिता।

कृति : ' क़र्ब-ए-निशात' (1978), उर्दू एकैडमी, कराची।

21 फ़रवरी, 2003 को इनका निधन हो गया।

ख़यालात-ए-परीशाँ

आज उस नाज़ुक-अदा की याद फिर आई बहुत
जिससे मेरी एक मुद्दत थी शनासाई[1] बहुत

काली ज़ुल्फ़ें, मस्त आँखें, अब्र-ओ-बाराँ[2], बू-ए-गिल[3]
मेरे ढाका आज तेरी याद फिर आई बहुत

कौन वो ख़ुश-बख़्त था? वो कौन था मर्द-ए-वफ़ा?
किसके ख़ूँ में डूबकर शमशीर लहराई बहुत

राह-ए-उलफ़त में निकलना था तक़ाज़ा-ए-जुनूँ
वैसे मैं भी जानता था होगी रुसवाई बहुत

हो गया मानूस मैं इस शह्र से वैसे यहाँ
पहले-पहले तो तबीअत मेरी घबराई बहुत

मेरी ख़ामोशी को मेरी सर्द-मेह्‌री[4] मत समझ
तू यक़ीं कर मैं तेरा अब भी हूँ सौदाई बहुत

---

1. जान-पहचान 2. बादल और बारिश 3. मिट्टी की सुगंध 4. कठोरता

सियाही-ए-शब

सियाही-ए-शब
मुझे कुछ ऐसा महसूस हो रहा है
कि जैसे कोई सियाह नागिन
किरन की दहलीज़ पर खड़ी हो
अगर वो बाहर क़दम निकाले
तू उसको डस कर हलाक कर दे

किरन—!
अँधेरे से इतनी ख़ाइफ़
कि जैसे कोई हसीन हिरनी
किसी दरिंदे के डर से जा कर
घने दरख़्तों में छुप गई हो
वो ख़ौफ़ से थरथरा रही हो
कि जैसे तूफ़ाँ से शाख़ काँपे
वो चारों जानिब
हिरासाँ[1] नज़रों से तक रही हो

किरन है ख़ाइफ़[2]
सियाही ग़ालिब[3]—!
न जाने कब तीरगी[4] कटेगी
न जाने कब रौशनी मिलेगी।

ग़ज़ल

1

शह्र-ए-आशोब[5] में गुलहा-ए-वफ़ा किसको दूँ?
कौन मुखलिस[6] है, मैं इलज़ाम-ए-जफ़ा किसको दूँ?

---

1. भयभीत 2. भयभीत 3. शक्तिशाली 4. अंधकार 5. उपद्रव 6. निश्छल

शह्र के शोर में सहराओं का सन्नाटा है
देर से सोच रहा हूँ कि सदा किसको दूँ?

वो तो यूसुफ़ था मगर कोई भी याक़ूब नहीं
ख़ूँ में डूबी हुई मैं उसकी क़बा[1] किसको दूँ?

शह्र में वैसे मेहरबान बहुत सारे थे
कौन क़ातिल था मेरा? हाय दुआ किसको दूँ?

शह्रे-बेदाद में हर शख़्स है पत्थर पाशा
किसकी जंजीर हिलाऊँ? मैं सदा किसको दूँ?

2

वो एक शख़्स जो महफ़िल में बोलता था बहुत
सुना है अह्ल-ए-नज़र से वो खोखला था बहुत

रिदा-ए-शब से लिपट के सवाद-ए-शाम के बाद
किसी के बारे में पहरों मैं सोचता था बहुत

उसी अजनबी ने बिल आख़िर पलट के देख लिया
तिलिस्मी शह्र में कोई पुकारता था बहुत

अभी जो पास से नज़रें चुरा के गुज़रा है
कई रुतों में वही मुझको चाहता था बहुत

जो बात-बात पे हँसता था, मुस्कुराता था
किसे ख़बर कि वही दिल में रो रहा था बहुत

कुछ ऐसे अह्ल-ए-जुनूँ भी यहाँ से गुज़रे थे
गुबार-ए-राह-ए-वफ़ा जिनको ढूँढ़ता था बहुत

---

1. चोग़ाना

जो पूछते हो मुझे तुमको याद हो शायद
कोई नज़र से तुम्हारी कभी गिरा था बहुत

3

उनके घर में चाँद और तारे, अपने घर में आग
अपनी-अपनी क़िस्मत प्यारे अपना-अपना भाग

आज वो शायद मेरे घर में रात गए तक आएँ
भोर समय से छत पर अपनी बोल रहा है काग

यह जुग तो कलजुग है प्यारे इस जुग में आनन्द कहाँ
जितनी जल्दी भाग सके तू इस धरती से भाग

बूढ़ी धरती ऐसी नारी जिसके सौ-सौ रूप
इसके केस में फँस जाते हैं कैसे-कैसे घाग

इस नगर में पाशा साहिब किस-किस को समझाओगे
हर की अपनी-अपनी डफ़ली हर का अपना राग

4

बर्फ़ानी हवाओं पे तेरा शक हुआ कैसे
एहसास-ए-सदा[1] मूजिब-ए-दस्तक[2] हुआ कैसे

क्या शह्र-ए-वफ़ा मुस्तक़र-ए-बुलहवसाँ है[3]
चेहरा परी चेहरों का भयानक हुआ कैसे

1. आवाज़ का एहसास 2. खटखटाने का कारण 3. क्या प्रेम का शहर लालची लोगों का ठिकाना है?

ऐ लाला-रुख़ो[1]! इश्वा-गरो[2]! तंग क़बाओ[3]!
ये लुत्फ़-ओ-करम[4] हम पे अचानक हुआ कैसे

शेवा तो तेरा सिर्फ़ सितम था सितम-ईजाद!
इख़लास-ओ-मुरव्वत[5] तेरा मसलक[6] हुआ कैसे

अब जाँ से गुज़र जा कि तक़ाजा-ए-जुनूँ[7] है
पाशा तेरी उल्फ़त पे उसे शक हुआ कैसे

5

मिसाल-ए-आइना[8] यारो निखर गया कल शब
अजीब सानिहा[9] दिल पे गुज़र गया कल शब

बिसात-ए-दश्त[10] यूँ चाँदनी थी रक़्स-कुनाँ[11]
कि जैसे चाँद का हर ज़ख़्म भर गया कल शब

सियाह रात का वो राहिब-ए-चराग़-ब-कफ़[12]
सुनो! वो किर्मक-ए-शब-ताब[13] मर गया कल शब

कुछ इतना चेहरा भयानक था ख़्वाब में उसका
कि अपने आप से पाशा भी डर गया कल शब

---

1. लाला के फूल जैसी लाल और कोमल गालों वालियाँ 2. हाव-भाव से दिल मोह लेने वालियाँ 3. कसे हुए कपड़े पहनने वालियाँ 4. दया और कृपा 5. निश्छलता 6. पथ 7. पागलपन की माँग 8. आईने की भाँति 9. घटना 10. जंगल के बिछौने पर 11. नाचती हुई 12. चराग़ हाथ में लिये हुए राहिब 13. रात को चमकने वाला कीड़ा

अशआर

सिर पे सूरज हो मेरे पैर हों अंगारों पर
आप ही की करूँ तक़लीद[1] रसूल-ए-अरबी[2]

न जाने रात-भर क्यों सोचता हूँ
ये ज़िन्दाँ[3] है मेरा कमरा नहीं है

अब उसी शह्र में बरसाते हैं पत्थर मुझ पर
मैं जहाँ लाया गया था बड़ी तौक़ीर के साथ

जब वो आसेब-ज़दा दस्त से गुज़रा तो लगा
जैसे नौखेज़-सी बेवा का है आँचल दरिया

कर दिया आज यहाँ यारों ने संगसार[4] दरख़्त
अपनी बस्ती में जो था एक समर-दार[5] दरख़्त

उसने सारे शह्र के गुल कर दिये इक-इक चिराग़
फिर भी सीने का मेरे सूरज चमकता रह गया

फ़र्त-ए-जज़्बात[6] में चल निकले थे सू-ए-मंज़िल[7]
ये न सोचा था कहीं रात भी हो जाएगी
इब्तिदा[8] में तो गुमाँ तक न हुआ था मुझको
बाज़ी-ए-इश्क़ मेरी मात भी हो जाएगी

फ़ज़ा-ए-मस्त[9] में शाम-ए-दयार[10] को तरसे
शमीम-ए-सुबह-ओ-गुल-ए-इत्र-बार[11] को तरसे
लहू से अपने गुलिस्ताँ को सींचने वाले
बहार आई तो यारो बहार को तरसे

---

1. अनुसरण 2. हजरत मुहम्मद को कहा जाता है 3. कारागार 4. जिसे पत्थर मार-मार कर मारा गया हो 5. फलों से लदा हुआ 6. भावनाओं का आवेग 7. मंजिल की ओर 8. आरंभ 9. मस्त फ़ज़ा 10. घर की शाम 11. सुबह की सुगंध और महके हुए फूल

ज़ुलमत-गज़ीदो[1]! कैसे कहूँ तुमसे मैं कि हाय
सूरज उफ़ुक़ पे आया है शब के लिबास में
हम तशना-लब[2] तरसते रहे बूँद-बूँद को
पानी भरा हुआ था चनाब और व्यास में

है महल तेरा फ़लक-शान[3] तुझे क्या मालूम
किस तरह रहते हैं इनसान तुझे क्या मालूम
तेरा ऐवान[4] तो इक शह्र-ए-तरब[5] है
प्यारे ज़िन्दगी कितनी है वीरान तुझे क्या मालूम

(सलासा[6]) ख़ुदा से हमने अकसर ये कहा है
तुझे शायद यक़ीं इसका न आए
हमारे शह्र में भी इक ख़ुदा है

1. अँधेरे का डसा हुआ 2. प्यासा 3. विशाल 4. महल 5. ख़ुशियों से भरा शहर 6.प्रेमियों को भेंट

मुश्फ़िक़ ख़्वाजा

पूरा नाम ख़्वाजा अब्दुल हई मुश्फ़िक़ है। मुश्फ़िक़ तख़ल्लुस किया। मुश्फ़िक़ ख़्वाजा कहलाए। 19 दिसंबर, 1935 को ख़्वाजा अब्दुल वहीद के घर लाहौर में पैदा हुए। प्रारंभिक शिक्षा लाहौर में, फिर कराची आन बसे। हाईस्कूल, कॉलेज, यूनिवर्सिटी, एम.ए. उर्दू (1958)—सब कराची में किया। 1973 तक अंजुमन तरक़्क़ी-ए-उर्दू में सुपरवाइज़र। उसी बीच 1964 में आमिना से शादी की। 1973 से शोध और स्वतंत्र लेखन। एक पत्रिकानुमा किताब 'तख़लीक़ी अदब' के दो अंक और उर्दू के प्राचीन हस्तलिखित पत्रों के कई छोटे-मोटे संपादित ग्रंथ निकाले। नियमित अख़बारी कॉलम लिखते रहे।

मुश्फ़िक़ ख़्वाजा की कविताओं पर उर्दू के क्लासिक कवियों की गहरी छाप है। ग़ालिब की तरह अर्थ-विन्यास की बारीकियों का विलास और दर्द के ख़ुशमानी परिच्छेद उनकी शैली में झाँकते मिलते हैं। उस्तादों की ही तरह मुश्फ़िक़ की कविताएँ भी निजी बेचारगी और दम घुटने की कैफ़ियत का कलात्मक बयान हैं। 1952 से शेर कहते रहे। लेकिन लिखने की लंबी मश्क़ में, लहजा वही रखे रहे हैं। प्रकाशन : 'अब्यात' (1971), मक्तबा-ए-नया दौर, कराची।

नज़्म

1

यहाँ इक शख़्स रहता था
कि जिसने ज़िन्दगी सारी
गुज़ारी कर्ब के आलम में
और इस ख़ुश-ख़याली में
कि सब गुज़रे हुए लम्हे
किसी की राह में रौशन रहेंगे
और फिर उन आईनों में कोई अपना अक्स देखेगा

मगर उस जाने वाले को ख़बर क्या है
कि सब गुज़रे हुए लम्हे
वे खोए हुए लम्हे
किसी ताक़-ए-मिज़गाँ पर
सितारा हैं न आँसू हैं

2

न उसके चेहरे पे कुछ लिखा है
न मेरी आँखों ने कुछ पढ़ा है
तो फिर ये नविश्ता[1] कौन-सा है
जो मेरे दिल में उतर रहा है

---

1. लिखा हुआ

ग़ज़ल

1

सितम भी करता है, उसका सिला[1] भी देता है
कि मेरे हाल पे वो मुस्कुरा भी देता है

शिनावरों[2] को उसी ने डुबो दिया शायद
जो डूबतों को किनारे लगा भी देता है

यही सुकूत[3], यही दश्त-ए-जाँ[4] का सन्नाटा
जो सुनना चाहे कोई तो सदा भी देता है

अजीब कूचा-ए-क़ातिल[5] की रस्म है कि यहाँ
जो क़त्ल करता है वो ख़ूँ-बहा[6] भी देता है

वो कौन है कि जलाता है दिल में शम-ए-उम्मीद
फिर अपने हाथ से उसको बुझा भी देता है

वो कौन है कि बनाता है नक़्श पानी पर
तो पत्थरों की लकीरें मिटा भी देता है

वो कौन है कि जो बनता है राह में दीवार
और उसके बाद नई राह दिखा भी देता है

वो कौन है कि दिखाता है रंग-रंग के ख़्वाब
अँधेरी रातों में लेकिन जगा भी देता है

वो कौन है कि ग़मों से नवाज़ता[7] है मुझे
ग़मों को सहने का फिर हौसला भी देता है

---

1. बदला 2. तैराकों 3. ख़ामोशी 4. प्राण का जंगल 5. वधक (प्रेमिका) की गली 6. वो धन जो प्राणों के बदले में दिया जाए 7. कृपा करना

मुझी से कोई छुपाता है राज-ए-ग़म सरे-शाम
मुझी को आखिर-ए-शब[1] फिर बता भी देता है

2

ये नहीं कि वो बेताब-ओ-बेक़रार गया
मेरी रगों में इक ज़हर-सा उतार गया

बुझे हुए दर-ओ-दीवार देखने वालो
उसे भी देखो जो इक उम्र याँ गुज़ार गया

वफ़ा के बाब में उसकी तो कुछ कमी न हुई
मैं आप अपनी ख़ुशी से ये बाज़ी हार गया

हवा-ए-सर्द का झोंका भी कितना ज़ालिम था
ख़याल-ओ-ख़्वाब[2] के सब पैरहन[3] उतार गया

3

क़दम उठे तो अजब दिल-गुदाज़ मंज़र[4] था
मैं आप अपने लिए रास्ते का पत्थर था

दिल एक और हज़ार आज़माइशें ग़म की
दिया जला तो था लेकिन हवा की ज़द पर था

हर आईना मेरी आँखों से पूछ लेता है
वो अक्स[5] क्या हुए, आबाद जिनसे ये घर था

हर इक अज़ाब को मैं सह गया मगर न मिला
वो एक ग़म जो मेरे हौसले से बढ़ कर था

---

1. रात का अंत 2. स्वप्न और कल्पना 3. वस्त्र 4. दुखप्रद दृश्य 5. प्रतिबिंब

ये वह्म था कि मुझे वो भुला चुका होगा
मगर मिला तो वो मेरी ही तरह मुज़तर[1] था

हज़ार बार ख़ुद अपने मकाँ पे दस्तक दी
इस एहतिमाल[2] में जैसे कि मैं ही अंदर था

तमाम उम्र की तन्हाइयाँ समेटी हैं
यही मेरे दर-ओ-दीवार का मुक़द्दर था

उदास रातों में, पैहम[3] सुलगती सुबहों में
जो ग़मगुसार[4] था कोई तो दीदा-ए-तर[5] था

4

ग़म ही ले-दे के मेरी दौलत-ए-बेदार नहीं
ये ख़ुशी भी है मयस्सर, कोई ग़मख़्वार नहीं

ख़ुद से भी तोड़ चुका हूँ तअल्लुक़ अपना
अब मेरी राह में हाइल कोई दीवार नहीं

ऐसी सुनसान कभी पहले न थी हिज्र की रात
दूर तक काफ़िला-ए-सुब्ह के आसार नहीं

बात आसान फ़रावानी-ए-ग़म[6] ने कर दी
अब मुझे शिकवा-ए-नाकामी-ए-इज़हार[7] नहीं

ज़िन्दा रह लूँ किसी सूरत तो बड़ी बात है
ये वर्ना जाँ से तो गुज़रना कोई दुश्वार नहीं

दाम-ए-वहशत[8] से रिहाई नहीं मुमकिन शायद
हूँ असीर[9] अपना भी, सिर्फ़ उसका गिरिफ़्तार नहीं

---

1. व्याकुल 2. शंका 3. निरंतर 4. सहानुभूति करने वाला 5. भीगी हुई आँख 6. दुख की अधिकता 7. अभिव्यक्ति की असफलता का उलाहना 8. भय का जाल 9. क़ैदी

क़िस्सा-ए-ग़म भी वही, मैं भी वही, दिल भी वही
पर वो पहला-सा ख़ुलूस-ए-दर-ओ-दीवार[1] नहीं

5

ये कोई दिल तो नहीं है कि ठहर जाएगा
वक़्त इक ख़्वाब-ए-रवाँ[2] है सो गुज़र जाएगा

हर गुज़रते हुए लम्हे से यही ख़ौफ़ रहा
हसरतों से मेरे दामन को ये भर जाएगा

दिल शफ़क़-रंग[3] हुआ डूबते सूरज की तरह
रात आएगी तो हर ख़्वाब बिखर जाएगा

शिद्दत-ए-ग़म से मिला ज़ीस्त[4] को मफ़हूम[5] नया
हम समझते थे कि दिल जीने से भर जाएगा

चंद लम्हों की रफ़ाक़त[6] ही ग़नीमत[7] है कि फिर
चंद लम्हों में ये शीराज़ा[8] बिखर जाएगा

अपनी यादों को समेटेंगे बिछड़ने वाले
किसे मालूम है, फिर कौन किधर जाएगा

यादें रह जाएँगी, और यादें भी ऐसी, जिनका
ज़हर आँखों से रग-ओ-पै[9] में उतर जाएगा

6

कुछ इस तरह से तेरा ग़म दिये जलाता था
कि ख़ाक-ए-दिल[10] का हर इक ज़र्रा[11] जगमगाता था

---

1. दरवाज़े और दीवार की निश्छलता 2. बहता हुआ सपना 3. लाल रंग 4. जीवन 5. अर्थ 6. संगत 7. उत्तम 8. क्रम 9. सारा शरीर 10. दिल की धूल 11. कण

इसीलिए न किया तल्खी-ए-जहाँ[1] का गिला
तेरा ख़याल पस-ए-पर्दा[2] मुस्कुराता था

न याद रखता था मुझको, न भूल जाता था
कभी-कभी वो मुझे यूँ भी आज़माता था

हर आईना था सरापा-हिजाब[3] मेरे लिए
मैं अपने आपको देखूँ, नज़र वो आता था

नज़र चुरा के वो गुज़रा क़रीब से लेकिन
नज़र बचा के मुझे देखता भी जाता था

ग़ज़ल के लहजे में होती थी गुफ़्तगू[4] उससे
वज़ाहतों[5] में भी इबहाम[6] रह ही जाता था

वहाँ भी साया-ए-दीवार[7] उसका याद रहा
ख़ुद अपना साया जहाँ साथ छोड़ जाता था

उदास कमरा महकता था किसकी यादों से
वो कौन शख़्स था, क्या था, कहाँ से आता था

चमकते थे दर-ओ-दीवार आईनों की तरह
उन आईनों में कोई अक्स[8] मुस्कुराता था

ये ख़्वाब ही मेरी तन्हाइयों का हासिल था
ये ख़्वाब ही मेरी तन्हाइयाँ बढ़ाता था

7

ये क्या तिलिस्म[9] है मैं उसको देख भी न सकूँ
कि जिसके जलवों से दामान-ए-चश्म[10] भर जाए

---

1. संसार की कटुता 2. परदे के पीछे 3. बहुत अधिक लाज 4. बातचीत 5. स्पष्टता (बहुव.)
6. निगूढ़ता 7. दीवार की छाया 8. प्रतिबिंब 9. जादू 10. आँख

तू मेरे दिल में मिसाल-ए-चमन महकता है
मैं साँस लूँ, तेरी ख़ुशबू बिखर-बिखर जाए

गुज़रती शब की हर इक चाप से मैं डरता हूँ
न जाने कौन-सा लम्हा उदास कर जाए

मैं आईना ही नहीं अक्स[1] भी हूँ, लेकिन तू
वो रौशनी है जो दामन-कशाँ[2] गुज़र जाए
है एक ख़्वाब मेरी ख़ुद-फ़रेब[3] आँखों में
अगर ये ख़्वाब मेरी रूह में उतर जाए

8

नक़्श गुज़रे हुए लम्हों के हैं दिल पर क्या-क्या
मुड़ के देखूँ तो नज़र आते हैं मंज़र क्या-क्या

कितने चेहरों पे रहे अक्स मेरी हैरत के
मेहरबाँ मुझ पे हुए आईना-पैकर क्या-क्या

वक़्त कटता रहा मैख़ाने की रातों की तरह
रहे गर्दिश में ये दिन-रात के साग़र क्या-क्या

चश्म-ए-ख़ूबा[4] के इशारों पे था जीना-मरना
रोज़ बनते थे, बिगड़ते थे मुक़द्दर क्या-क्या

पाँव उठते थे उसी मंज़िल-ए-वहशत[5] की तरफ़
राह तकते थे जहाँ राह के पत्थर क्या-क्या

रहगुज़र दिल की न पल-भर को भी सुनसान हुई
क़ाफ़िले ग़म के गुज़रते रहे अक्सर क्या-क्या

---

1. प्रतिबिंब 2. दामन बचाते हुए, घमंडी 3. अपने को धोखा देने वाली 4. सुंदर औरतों की आँख 5. भय की मंज़िल

और अब हाल है ये ख़ुद से जो मिलता हूँ कभी
खोल देता हूँ शिकायात के दफ़्तर क्या-क्या

अशआर

हज़ार बार ख़ुद अपने मकाँ पे दस्तक दी
इस एहतिमाल में जैसे कि मैं ही अंदर था

आप ही आप ये सोचें कोई आया होगा
और फिर आप ही दरवाज़े पे जा कर देखें

ये बुख़्ल[1] क्या है ख़ुदाबंद-ए-आसमान-ओ-ज़मीं[2]
हर एक सम्त[3] है तू और मैं कहीं भी नहीं

तुम जो पूछो कि तमन्ना क्या है
मैं ये सोचूँ मुझे कहना क्या है

---

1. कंजूसी 2. धरती और आकाश के ख़ुदा 3. दिशा

मुस्तफ़ा ज़ैदी

पुरा नाम : सैयद मुस्तफ़ा हसनैन ज़ैदी। इनका जन्म 10 अक्तूबर, 1930 को इलाहाबाद में हुआ। वालिद लख़्ते हसनैन थे। लिखना तेग़ इलाहाबादी के नाम से शुरू किया, फिर तख़ल्लुस छोड़ दिया। मुस्तफ़ा ज़ैदी के नाम से शोहरत पाई। इलाहाबाद से अव्वल दर्जे में हाईस्कूल (1946), बी.ए. (1950) और एम.ए. प्रीवियस करने के बाद पाकिस्तान आ गए। 1952 में गवर्नमेंट कॉलेज, लाहौर से अंग्रेजी में एम.ए. पूरा किया। इस्लामिया कॉलेज, कराची और पेशावर यूनिवर्सिटी में अंग्रेज़ी पढ़ाने के बाद 1954 में सिविल सर्विस में आ गए। उसी साल एक जर्मन युवती वेरा फ़ान से शादी की। असिस्टेंट कमिश्नर, डिप्टी कमिश्नर रहने के बाद पंजाब में डिप्टी सेक्रेटरी बने तो हुकूमत से तमग़ा-ए-काइद-ए-आज़म पाया। 1969 में नेफ़ील्ड स्कॉलरशिप पर लंदन रह कर पाकिस्तान लौटे तो पहले मुअत्तल हुए, फिर 1970 में नौकरी से निकाल दिये गए। 12 अक्तूबर, 1970 को मुस्तफ़ा ज़ैदी संदेहास्पद हालत में मुर्दा पाए गए।

मुस्तफ़ा ज़ैदी की शुरू-शुरू की कविताओं में हज़रत-ए-जोश जैसी ही घनगरज मिलती है। कुछ दिनों फ़िराक़ के असर में भी रहे, मगर फिर अपनी डगर अलग निकाली।

मुस्तफ़ा ज़ैदी की शैली वैसे तो कविता-प्रधान है, पर वे ग़ज़ल के भी 'क़ायल बल्कि घायल' थे। उन्हें सारी उम्र ये अफ़सोस रहा कि लोगों ने न उन्हें ठीक ढंग से समझा, न सराहा। उनका ये मलाल कविता में उदास नग़मगी और दिल-गिरिफ़्तगी ले कर फूटा। उन्होंने रोजमर्रा के छोटे-छोटे मुआमलात से ले कर संजीदा वाक़िआत तक के तमाम अनुभवों को आपबीती कहने के अंदाज़ में लिखा।

लेकिन ये कहना ग़लत होगा कि मुस्तफ़ा ज़ैदी की कविता केवल काल्पनिक करुणा-क्रंदन की कातरोक्ति है। न ही उनके अशआर महज अंदरूनी, जज़्बाती वारदात की तफ़सीर हैं।

मुस्तफ़ा ज़ैदी ने विलिंगकामी (hetrosexual) और समलैंगिक (homosexual) दोनों तरह का प्यार किया। सुना जाता है कि उनमें और फ़िराक़ गोरखपुरी में सहवासी घनिष्ठता थी। जब मुस्तफ़ा ज़ैदी का क़त्ल हुआ तो वे अपनी प्रेमिका शहनाज़ के साथ बिस्तर में नंगे पड़े हुए थे।

मुस्तफ़ा ज़ैदी की सात प्रकाशित कृतियाँ हैं—1. ज़ंजीरें (1949), 2. रौशनी (1950), 3. शह्र-ए-आज़र (1958), 4. मौज-ए-सदफ़-सदफ़ (1960), 5. गिरेबान (1964), 6. क़बा-ए-साज़ (1967) और 7. कोह-ए-निदा (1970)। इत्तफ़ाक़ की बात कि मावरा पब्लिशर्ज, रावलपिंडी से मृत्योपरांत प्रकाशित 'कोह-ए-निदा' में कोई ग़ज़ल नहीं है।

मेरे ज़ख़्मी होंट

नश्शा जिस वक़्त भी टूटेगा, कई अंदेशे
सुब्ह-ए-लब-बस्ता[1] के सीने में उतर आएँगे
महफ़िल-ए-शोला-ए-शबताब के सारे लम्हे
राख हो जाएँगे, पलकों पे बिखर जाएँगे
रेत दर आएगी सुनसान शबिस्तानों[2] में
और बगूले पस-ए-दीवार[3] नज़र आएँगे

इससे पहले कि ये हो जाए, मेरे ज़ख़्मी होंट
मैं ये चाहूँगा कि बे-लहू-ओ-सदा[4] हो जाएँ
मैं ये चाहूँगा कि बुझ जाए मेरी शम-ए-ख़याल[5]
इससे पहले कि सब अहबाब जुदा हो जाएँ
इसलिए मुझसे न पूछो कि सफ़-ए-याराँ[6] में
क्यों ये दिल-ए-बे-हुनर[7] को हुस्न-ओ-तमीज़[8] इतना है
और ऐ दीदा-वरो! ये भी न पूछो कि मुझे
साग़र-ए-ज़हर भी क्यों जाँ से अज़ीज़ इतना है

शहनाज-2*

फ़नकार ख़ुद न थी, मेरे फ़न की शरीक थी
वो रूह के सफ़र में बदन की शरीक थी

---

* 'कोह-ए-निदा' में पाँच नज़्में इसी उनवान से शामिल हैं। सिर्फ़ नंबर अलग-अलग हैं।

1. ख़ामोश सुबह 2. शयनागार 3. दीवार के पीछे 4. बे-आवाज़ 5. कल्पना का दीपक 6. मित्र 7. निर्गुण मन 8. सुंदरता और परख

उतरा था जिस पे बाब-ए-हया[1] का वरक़[2]-वरक़
बिस्तर की एक-एक शिकन की शरीक थी

मैं एक एतिबार से आतिश-परस्त[3] था
वो सारे ज़ावियों[4] से चमन की शरीक थी

वो नाज़िश-ए-सितारा-ओ-तन्नाज़ माहताब[5]
गर्दिश के वक़्त मेरे गहन की शरीक थी

वो हम-जलीस-ए-सानेहा-ए-ज़हमत-ए-निशात[6]
आसाइश-ए-सलीब-ओ-रसन[7] की शरीक थी

नाक़ाबिल-ए-बयान अँधेरे के बावजूद
मेरी दुआ-ए-सुब्ह-ए-वतन की शरीक थी

दुनिया में एक साल की मुद्दत का क़ुर्ब था
दिल में कई हज़ार करन की शरीक थी

शहनाज-5

जिस तरह तर्क-ए-तअल्लुक़[8] पे है इसरार अब के
ऐसी शिद्दत तो मेरे अह्द-ए-वफ़ा[9] में भी न थी

मैंने तो दीदा-ओ-दानिस्ता[10] पिया है वो ज़हर
जिसकी जुर्अत सफ़-ए-तसलीम-ओ-रिज़ा[11] में भी न थी

---

1. लज्जा का अध्याय 2. पन्ना 3. अग्नि-पूजक 4. कोण 5. गर्वीला तारा और इठलाकर चलने वाला चाँद 6. आनन्द के दुख का सखा 7. सूली का सुख 8. संबंध तोड़ना 9. प्रेम-वचन 10. जान-बूझकर 11. स्वीकृति

तूने जिस लह्न की सूरत से मुझे चाहा था
साज़ में भी न थी वो बात, सबा में भी न थी

बे-नियाज़ ऐसा था मैं दश्त-ए-जुनूँ[1] में खो कर
मुझको पाने की सकत अर्ज़-ओ-समा[2] में भी न थी

और अब यूँ है कि जैसे कभी रस्म-ए-इख़्लास[3]
मह-नशीनों[4] में तो क्या, हम फ़ुक़रा[5] में भी न थी

बेवफ़ाई की ये मुश्तरका[6] नई आसाइश[7]
दिल-ए-पुर-ख़ूँ[8] में भी और रंग-ए-हिना में भी न थी

न तो शर्मिंदा है दिल और न हिना-ख़्वार[9] अब के
जिस तरह तर्क-ए-तअल्लुक़ पे है इसरार[10] अब के

ग़ज़ल

1

क्या-क्या नज़र को शौक़-ए-हवस देखने में था
देखा तो हर जमाल[11] उसी आईने में था

क़ुलज़ुम[12] ने बढ़ के चूम लिये फूल-से क़दम
दरिया-ए-रंग-ओ-नूर[13] अभी रास्ते में था

इक मौज-ए-ख़ून-ए-ख़ल्क़[14] थी, किसकी जबीं पे थी?
इक तौक़-फ़र्द-ए-जुर्म[15] था, किसके गले में था?

---

1. उन्माद का जंगल 2. धरती और आकाश 3. सच्चे प्रेम की परंपरा 4. सुंदरी 5. आशिकों 6. साझे का 7. सुख 8. ख़ून से भरा हुआ दिल 9. तिरस्कृत 10. हठ 11. सौंदर्य 12. सागर 13. सुंदरता का दरिया 14. रक्त की लहर 15. अभियोग-पत्र की हंसली

इक रिश्ता-ए-वफ़ा[1] था सो किस नाशनास से
इक दर्द हिर्ज़-ए-जाँ[2] था सो किसके सिले में था

सहबा-ए-तुंद-ओ-तेज़[3] की हिद्दत[4] को क्या ख़बर
शीशे से पूछिए जो मज़ा टूटने में था

क्या-क्या रहे हैं हर्फ़-ओ-हिकायत[5] के सिलसिले
वो कम-सुख़न नहीं था मगर देखने में था

ताइब[6] थे एहतिसाब[7] से जब सारे बादाकश[8]
मुझको ये इफ़्तिख़ार[9] कि मैं मयकदे में था

2

ग़म-ए-दौराँ[10] ने भी सीखे ग़म-ए-जानाँ[11] के चलन
वही सोची हुई चालें, वही बेसाख़्तापन

वही इक़रार में इनकार के लाखों पहलू
वही होंटों पे तबस्सुम[12], वही अबरू[13] पे शिकन

किसको देखा है कि पिंदार-ए-नज़र[14] के बावस्फ़[15]
एक लम्हे के लिए रुक गई दिल की धड़कन

कौन-सी फ़स्ल[16] में इस बार मिले हैं तुझसे
कि न परवाह-ए-गिरेबाँ[17] है, न फ़िक्र-ए-दामन[18]

अब तो चुभती है हवा बर्फ़ के मैदानों की
उन दिनों जिस्म के अहसास से जलता था बदन

---

1. प्रेम-सम्बन्ध 2. बहुत ही प्रिय वस्तु 3. तेज़ शराब 4. गर्मी 5. बातचीत 6. तौबा करने वाला 7. निषिद्ध वस्तुओं के खान-पान से रोकना 8. शराब पीने वाला 9. गर्व 10. सांसारिक दुख 11. मन की पीड़ा 12. मुस्कुराहट 13. भौं 14. दृष्टि का अभिमान 15. यद्यपि 16. मौसम, समय 17. गिरेबान की परवाह 18. दामन की चिंता

ऐसी सूनी तो कभी शाम-ए-ग़रीबाँ[1] भी न थी
दिल बुझे जाते हैं, ऐ तीरगी-ए-सुबह-ए-वतन[2]

3

किसी और ग़म में इतनी ख़लिश[3]-ए-निहाँ[4] नहीं है
ग़म-ए-दिल, मेरे रफ़ीक़ो! ग़म-ए-रायगाँ[5] नहीं है

कोई हम-नफ़स[6] नहीं है, कोई राज़दाँ नहीं है
फ़क़त एक दिल था अब तक, सो वो मेहरबाँ नहीं है

मेरी रूह की हक़ीक़त मेरे आँसुओं से पूछो
मेरा मजलिसी तबस्सुम[7], मेरा तर्जुमाँ नहीं है

किसी आँख को सदा दो, किसी ज़ुल्फ़ को पुकारो
बड़ी धूप पड़ रही है कोई सायबाँ नहीं है

इन्हीं पत्थरों पे चलकर अगर आ सको तो आओ
मेरे घर के रास्ते में कहीं कहकशाँ[8] नहीं है

4

रोकता है ग़म-ए-इज़हार[9] से पिंदार[10] मुझे
मेरे अश्कों से छुपा ले मेरे रुख़्सार[11] मुझे

देख ऐ दश्त-ए-जुनूँ[12], भेद न खुलने पाए
ढूँढ़ने आए हैं घर के दर-ओ-दीवार मुझे

सी दिये होंठ उसी शख़्स की मजबूरी ने
जिसकी क़ुर्बत[13] ने किया मरहम-ए-असरार[14] मुझे

1. परदेस की शाम 2. देस की सुबह का अँधेरा 3. चुभन 4. छिपी हुई 5. निष्फल दुख 6. मित्र 7. दिखावे की मुस्कुराहट 8. आकाशगंगा 9. अभिव्यक्ति का दुख 10. अभिमान 11. कपोल 12. पागलपन का जंगल 13. सामीप्य 14. भेदों का परिचित

मेरी आँखों की तरफ़ देख रहे हैं ये अजम[1]
जैसे पहचान गई हो शब-ए-बेदार[2] मुझे

जिंस-ए-वीरानी-ए-सहरा[3] मेरी दुकान में है
क्या ख़रीदेगा तेरे शहृ का बाज़ार मुझे

जरस-ए-गुल[4] ने कई बार बुलाया लेकिन
ले गई राह से ज़ंजीर की झनकार मुझे

नाविक-ए-ज़ुल्म[5] उठा, दश्ना-ए-अंदोह[6] सँभाल
लुत्फ़[7] के ख़ंजर-ए-बेनाम[8] से मत मार मुझे

सारी दुनिया में घनी रात का सन्नाटा था
सहन-ए-ज़िन्दाँ[9] में मिले सुबह के आसार[10] मुझे

5

हुई ईजाद[11] नई तर्ज़-ए-ख़ुशामद[12] कि नहीं
कल का आईन[13] है अब तक सर-ए-मस्नद[14] कि नहीं

आ गई ऐ मेरे साए से भी बचने वाली
रफ़्ता-रफ़्ता तेरे इक़रार[15] की सरहद कि नहीं

नहर ख़ूँ हो चुकी, फ़रहाद की मज़दूरी को
अब भी तेशे[16] से मिली क़ीमत-ए-साइद[17] कि नहीं

नासेहा[18] इसलिए मैं गोश-बर-आवाज़[19] न था
तेरी आवाज़ से छोटा है तेरा क़द कि नहीं

1.सितारे 2. जागती हुई रात 3. जंगल की निर्जनता 4. फल की आवाज़ 5. अत्याचार का तीर 6. दुख का ख़ंजर 7. करुणा 8. अनाम ख़ंजर 9. कारागार का आँगन 10. निशान 11. आविष्कार 12. चाटुकारिता का ढंग 13. विधान 14. राजसिंहासन पर 15. स्वीकृति 16. कुदाल 17. कलाई की कीमत 18. ऐ सदुपदेशक 19. आवाज़ पर कान लगाए हुए

6

जिस दिन से अपना तर्ज़-ए-फ़क़ीराना छुट गया
शाही तो मिल गई दिल-ए-शाहाना छुट गया

कोई तो ग़मगुसार था, कोई तो दोस्त था
अब किसके पास जाएँ कि वीराना छुट गया

दुनिया तमाम छुट गई पैमाने[1] के लिए
वो मैक़दे[2] में आए तो पैमाना छुट गया

क्या तेज़-पा[3] थे दिन की तमाज़त[4] के क़ाफ़िले
हाथों से रिश्ता-ए-शब-ए-अफ़साना छुट गया

ऐसे सनम-फ़रोश[5] भी थे, जिनके अहद[6] में
काबा क़रीब आ गया, बुतख़ाना छुट गया

इक दिन हिसाब होगा कि दुनिया के वास्ते
किन साहिबों का मसलक-ए-रिदाना[7] छुट गया

7

नगर-नगर मेले को गए, कौन सुनेगा तेरी पुकार
ऐ दिल, ऐ दीवाने दिल! दीवारों से सिर दे मार

रूह के इस वीराने में, तेरी याद ही सब कुछ थी
आज तो वो भी यूँ गुज़री, जैसे ग़रीबों का त्योहार

पल-पल सदियाँ बीत गईं, जाने किस दिन बदलेगी
एक तेरी आहिस्ता-रवी[8], एक ज़माने की रफ़्तार

---

1. शराब का गिलास 2. शराबख़ाना 3. तेज़ चलने वाले 4. धूप की गर्मी 5. मूर्ति बेचने वाले 6. समय 7. शराबियों का तरीक़ा 8. धीरे चलना

पिछली फ़स्ल में जितने भी अह्ल-ए-जुनूँ[1] थे, काम आए
कौन सजाएगा तेरी मश्क़[2] का सामाँ अब की बार?

सुब्ह के निकले दीवाने अब क्या लौट के आएँगे
डूब चला है शह्र में दिन, फैल चला है साया-ए-दार[3]

8

वो अह्द[4], अह्द ही क्या है, जिसे निभाओ भी
हमारे वादा-ए-उलफ़त को भूल जाओ भी

भला, कहाँ के हम ऐसे गुमान वाले हैं
हज़ार बार हम आएँ, हमें भुलाओ भी

बिगड़ चला है बहुत रस्म-ए-ख़ुदकुशी[5] का चलन
डराने वालो, किसी रोज़ कर दिखाओ भी

नहीं कि अर्ज़-ए-तमन्ना[6] पे मान ही जाओ
हमें उस अह्द-ए-तमन्ना[7] में आज़माओ भी

फ़ुग़ाँ[8] कि क़िस्सा-ए-दिल सुन के लोग कहते हैं
ये कौन-सी नई उफ़्ताद[9] है, हटाओ भी

तुम्हारी नींद में डूबी हुई नज़र की क़सम
हमें ये ज़िद है कि जागो भी और जगाओ भी

1. प्रेमी 2. किसी काम को बार-बार करना 3. फाँसी की छाया 4. प्रतिज्ञा 5. आत्महत्या की रस्म 6. कामना की प्रार्थना 7. कामना की प्रतिज्ञा 8. दुहाई 9. मुसीबत

अशआर

मेरे सीने की रौशनाई से
सुर्ख़ हैं लौह-ए-दश्त-ओ-दरिया[1] तक
अनगिनत आहनी[2] फ़सीलें हैं
मारशल-लॉ से मारशल-लॉ तक

बचा गईं कई लोगों को मुत्तहिद[3] लहरें
डुबो दिया हमें पायाबी-ए-तमन्ना[4] ने
मैं किसके हाथ पर अपना लहू तलाश करूँ
तमाम शह्र ने पहने हुए हैं दस्ताने

1. जंगल और दरिया की तख़्तियाँ 2. लोहे की 3. संयुक्त 4. अभिलाषा का उथलापन

मोहसिन एहसान

नाम : एहसान इलाही, यूँ कि कई बहनों के बाद 15 अक्तूबर, 1933 को पेशावर के एक खाते-पीते घर में जन्मे तो माँ-बाप को अल्लाह का एहसान ही लगे। शायर हुए तो मोहसिन तख़ल्लुस किया, मगर एहसान मोहसिन के बजाय मोहसिन एहसान कहलाए। प्रारंभिक शिक्षा पेशावर में। एक बार पढ़ाई छूटी, फिर जारी हुई। एम.ए. इंग्लिश के बाद इस्लामिया कॉलिज, पेशावर में अंग्रेज़ी पढ़ाने लगे।

शुरू-शुरू में उस्ताद रौशनलाल और यूनिवर्सिटी के दौरान मज़हर अली ख़ाँ और एक अंग्रेज़ महिला मिस हार्बल से प्रभावित हुए। अंग्रेज़ी में पाकिस्तानी लेखन के स्तर से बड़े निराश रहे, "कोई भी तो ग़ालिब और इक़बाल की तरह बड़ा नहीं। ये लोग अँधेरे में टामक-टुइये मारते फिरते हैं और अपने मुँह मियाँ मिठ्ठू अज़ीम बने फिरते हैं। न ख़ुद समझते हैं कि कह क्या रहे हैं, न समझा सकते हैं।" फ़ैज़ के बहुत कायल हैं, मगर फ़ैज़ के पिट्ठुओं से ख़फ़ा। माज़ी से रिश्ता ख़त्म नहीं करना चाहते। सामाजिक विसंगतियों के प्रति पलायनवादी नहीं, लेकिन ग़ज़ल में तजुर्बेबाज़ी के ख़िलाफ़ हैं, "अलामतें पुरानी नहीं होतीं, सिर्फ़ उनको नये सिरे से काम में लाने की ज़रूरत है।"

एक संग्रह 'ना-तमाम' इदारा-ए-इल्म-ओ-फ़न, पेशावर से 1981 में प्रकाशित हुआ। इसे ना-तमाम इसलिए कहते हैं, क्योंकि उनकी ये तमन्ना कि ज़िन्दगी में सिर्फ़ हुस्न होता, बाद तक अधूरी रही। 'ना-तमाम' का प्राक्कथन एक लंबी अतुकान्त, पैगंबर मुहम्मद साहेब के लिए प्रार्थना-कविता (दुआइया नात) है। चूँकि उर्दू में प्रार्थना-कविताओं की एक अलग साहित्यिक परंपरा है, इसलिए कई पाठकों ने एहसान साहिब को सुझाया कि वे और दुआइया नातें लिखें तो इस विधा में ख़ासे कामयाब हो सकते हैं।

22 सितंबर, 2010 को इनका निधन हो गया।

अना मदीनतुल-इल्म-ओ-अली-बाब-ए-हा*

आप तो शह्र-ए-इल्म हैं मौला
और इस शह्र का दरवाज़ा
एक ऐसी ज़ात-ए-गिरामी[1] है जो अपनी जगह पर
एक हिसार-ए-इल्म-ओ-हुनर[2]
दरवाज़े तक पहुँच न पाऊँ
शह्र के अंदर कैसे जाऊँ
मैं अंधा हूँ
मैं बहरा हूँ
मैं गूँगा हूँ
मैं जो देखना चाहूँ भी तो कुछ न दिखाई दे
मैं जो सुनना चाहूँ भी तो कुछ न सुनाई दे
मैं जो बोलना चाहूँ भी तो मेरे गूँगे लफ़्ज़ लबों पर साँस न लेने पाएँ
अपने अहद के चारों सम्त[3] में देखूँ
मुझको लफ़्ज़ दिखाई दें
लफ़्ज़ों का ब्योपार लगा है
काग़ज़ का अंबार लगा है
ख़ाली नुक़तों, खोखले हर्फ़ों का बाज़ार लगा है
मैं बाज़ार से लफ़्ज़ ख़रीदूँ
उन लफ़्ज़ों में कोई चमक फ़र्दा की नहीं है
उन लफ़्ज़ों की कोई अदा, दरिया की नहीं है
धूल ही धूल है हर-इक सम्त
और वो भी मानी के सहरा की नहीं है

---

* मैं ज्ञान का शहर हूँ और अली उसका दरवाज़ा है।

1. महान अस्तित्व 2. कला और ज्ञान का दुर्ग 3. दिशा

आप तो शह्र-ए-इल्म[1] हैं मौला
मेरे इक-इक हर्फ़[2] में ज़िन्दा मानों[3] की तासीर सजा दें
आप तो शह्र-ए-इल्म हैं मौला
आप तो शह्र-ए-इल्म हैं मौला

ग़ज़ल

1

थोड़ी-सी रौशनी के वो आसार[4] क्या हुए
रखे थे जो दिये सर-ए-दीवार[5] क्या हुए

ये क्या हुआ कि रौनक़-ए-हर-शह्र लुट गई
बाज़ार पूछते हैं ख़रीदार क्या हुए

चारागरों[6] की साज़िश-ए-चारागरी[7] गई
ऐ शह्र-ए-आरज़ू तेरे बीमार क्या हुए

सैलाब-ए-चश्म[8] इतना कभी ज़ोर पर न था
ज़िंदान-ए-ग़म[9] तेरे दर-ओ-दीवार[10] क्या हुए

शबनम-सिफ़त[11] तो धूप की हिद्दत[12] में उड़ गए
लेकिन वो हमरहान-ए-जिगरदार[13] क्या हुए

कंदा थे जितने हर्फ़ वो कत्बों से मिट गए
क़ब्रों से पूछता हूँ मेरे यार क्या हुए

---

1. ज्ञानी 2. अक्षर 3. अर्थों 4. लक्षण 5. दीवार पर 6. उपचारक 7. उपचार का षड्यंत्र 8. आँसुओं की बाढ़ 9. दुख का कारागृह 10. दीवार और दरवाज़े 11. ओस जैसे 12. तेज़ी 13. साहसी साथी

तनहा खड़ा हूँ मैं भी सर-ए-कर्बला-ए-अस्र[1]
और सोचता हूँ मेरे तरफ़दार क्या हुए

मोहसिन ये पीर-ए-ख़ाक-नशीनाँ[2] से पूछिए
वो साकिनान-ए-हज्ला-ए-पिंदार[3] क्या हुए

2

किसी के सामने इज़हार-ए-दर्द-ए-जाँ न करूँ
इधर-उधर की कहूँ हाल-ए-दिल बयाँ न करूँ

लगा के आग बदन में वो मुझसे चाहता है
कि साँस लूँ तो फ़ज़ा को धुआँ-धुआँ न करूँ

यह हुक्म मुझको मिला क़स्र-ए-ख़ुसरवी[4] से कि मैं
फ़ुग़ाँ[5] सुनूँ मगर अंदाज़ा-ए-फ़ुग़ाँ न करूँ

मैं उसको पढ़ता हूँ इंजील-ए-आरज़ू[6] की तरह
समझ में आए तो मानी हर इक बयाँ न करूँ

मज़े से सोऊँ अगर हाथ आए शाम-ए-फ़िराक़
मैं एक लम्हा भी उस शब का रायगाँ[7] न करूँ

उठा के सिर पे फिरूँ वार-ए-ज़िन्दगी[8] मोहसिन
कमर ख़मीदा[9] कभी सूरत-ए-कमाँ[10] न करूँ

---

1. काल के रणस्थल के किनारे 2. ज्ञानी 3. अभिमानी 4. सम्राट का महल 5. आर्तनाद 6. अभिलाषा का बाइबिल 7. नष्ट 8. जीवन का बोझ 9. टेढ़ी कमर 10. धनुष की तरह

3

ज़ुदा नहीं है, प मिलने की आस भी तो नहीं
वो मुझसे दूर नहीं मेरे पास भी तो नहीं

हदीस-ए-दर्द-तलब[1] किसके सामने कहिये
सराय-ए-दह्र[2] में इक ग़म-शनास[3] भी तो नहीं

यह जानता हूँ कि वो बेवफ़ा नहीं लेकिन
हवा-ए-शह्र-ए-वफ़ा सबको रास भी तो नहीं

तेरे विसाल[4] की क्या आरज़ू हो दिल में कि अब
तेरे बग़ैर तबीअत उदास भी तो नहीं

तुम्हारे क़ुर्ब[5] की राहत[6] भी कम नहीं, लेकिन
तुम्हारे हिज्र[7] का ग़म बे-असास[8] भी तो नहीं

अजीब हाल में अब इन दिनों गुज़रती है
अगरचे ख़ुश भी नहीं हम उदास भी तो नहीं

4

मैं एक उम्र के बाद आज ख़ुद को समझा हूँ
अगर रुकूँ तो किनारा, चलूँ तो दरिया हूँ

जो लबकुशा[9] हूँ तो हंगामा-ए-बहार[10] हूँ मैं
अगर ख़मोश[11] रहूँ तो सुकूत-ए-सहरा[12] हूँ

तुझे ख़बर भी है कुछ, ऐ मसर्रतों[13] के नक़ीब[14]
मैं कब से साया-ए-दीवार-ए-ग़म[15] में बैठा हूँ

---

1. दुख के इच्छुक की बात 2. संसार 3. दुख पहचानने वाला 4. मिलन 5. सामीप्य 6. सुख 7. दूरी 8. बेबुनियाद 9. बोलूँ 10. वसंत का शोर 11. मौन 12. जंगल का सन्नाटा 13. ख़ुशी (बहुव.) 14. चोबदार 15. दुख की दीवार की छाँव

झुलस गई है हवा-ए-दयार-ए-दर्द[1] मुझे
बस एक पल के लिए शह्र-ए-ग़म[2] में ठहरा हूँ

मेरी ख़ुदी[3] में निहाँ[4] है मेरे ख़ुदा का वुजूद[5]
ख़ुदा को भूल गया, जब से ख़ुद को समझा हूँ

मैं अपने पाँव का काँटा, मैं अपने ग़म का असीर[6]
मिसाल-ए-संग-ए-गराँ[7] रास्ते में बैठा हूँ

बुलंदियों[8] से मेरी सम्त[9] देखने वाले
मेरे क़रीब तो आ, मैं भी एक दुनिया हूँ

अगर है मक़्तले-जानाँ का रुख़ तो ऐ मोहसिन
ज़रा ठहर कि तेरे साथ मैं भी चलता हूँ

5

इक तलातुम[10]-सा है हर सम्त तमन्नाओं का
दिन पे होता है गुमाँ, शह्र है दरियाओं का

तू भी इक बार मेरी रूह के आईने में
झाँक कर देख, तक़द्दुस[11] है कलीसाओं का

हाँ मगर क़त्लगह-ए-शौक़[12] में कुछ और भी थे
हाथ क्यों मुझ पे उठा मेरे मसीहाओं का

अबके घनघोर घटा खुल के जो बरसे भी तो क्या
धूप ने रंग ही कजला दिया सहराओं का

1. दुख के घर की हवा 2. दुख का शहर 3. अहंकार 4. छिपा हुआ 5. अस्तित्व 6. क़ैदी 7. भारी पत्थर की तरह 8. ऊँचाई (बहुव.) 9. ओर 10. बाढ़ 11. पवित्रता 12. अभिलाषा का वधगृह

अब सर-ए-दश्त-ख़ुद-आराई[1] खड़ा हूँ तन्हा[2]
मैं कि दूल्हा था कभी अंजुमन-आराओं[3] का

मोहसिन एहसान की इस सादा-दिली के सदक़े
धूप से ढूँढ़ता फिरता है मज़ा छाँव का

6

मौत से यारी न थी, हस्ती से बेज़ारी न थी
उस सफ़र पर चल दिये हम, जिसकी तैयारी न थी

हम उसी की ख़ाक से उठे हैं कुंदन बन के आज
दोस्तो, जिस शह्र में रस्म-ए-वफ़ादारी[4] न थी

हमने ख़ून-ए-आरज़ू[5] दे कर मुनक़्क़श[6] कर दिया
वर्ना दीवार-ए-तलब[7] पर ऐसी गुलकारी[8] न थी

मर गए सिर फोड़ के दीवार-ए-ज़िन्दाँ[9] से असीर[10]
ज़िन्दगी कुंज-ए-क़फ़स[11] में मौत से प्यारी न थी

अब शिकस्त-ए-आरज़ू है बाइस-ए-तस्कीन-ए-दिल[12]
इससे पहले तो कभी ये कैफ़ियत[13] तारी[14] न थी

जल रहा है हर नफ़स[15] अब अपने ग़म की आँच से
साँस लेने में कभी मोहसिन ये दुश्वारी न थी

1. सुसज्जित जंगल के किनारे 2. अकेला 3. सभा की शोभा बढ़ाने वालियाँ 4. साथ निभाने की परंपरा 5. इच्छा का ख़ून 6. चित्रित 7. चाह की दीवार 8. बेल-बूटे 9. जेल की दीवार 10. क़ैदी 11. जेल की कोठरी 12. अब इच्छा की हार दिल के संतोष का कारण है 13. दशा 14. छाई हुई 15. साँस

7

शाख़-ए-मिज़गान-ए-मुहब्बत[1] पे सजा ले मुझको
बर्ग-ए-आवारा[2] हूँ, सरसर[3] से बचा ले मुझको

रात-भर चाँद की ठंडक में सुलगता है बदन
कोई तन्हाई के दोज़ख़[4] से निकाले मुझको

दूर रह के भी है हर साँस में ख़ुश्बू तेरी
मैं महक जाऊँ तो तू पास बुला ले मुझको

मैं तेरी आँख से ढलका हुआ इक आँसू हूँ
तू अगर चाहे, बिखरने से बचा ले मुझको

शब ग़नीमत थी कि ये ज़ख़्म-ए-नज़्ज़ारा[5] तो न था
डस गए सुब्ह-ए-तमन्ना के उजाले मुझको

मैं मुनक़्क़श हूँ तेरी रूह की दीवारों पर
तू मिटा सकता नहीं, भूलने वाले, मुझको

सुबह से शाम हुई, रूठा हुआ बैठा हूँ
कोई ऐसा नहीं, आ कर जो मना ले मुझको

तह-ब-तह[6] मौज-ए-तलब[7] खेंच रही है मोहसिन
कोई गिर्दाब-ए-तमन्ना[8] से निकाले मुझको

---

1. प्रेम की पलकों 2. आवारा पत्ता 3. गर्म हवा के झोंके 4. नरक 5. दृश्य का घाव 6. एक के नीचे एक 7. चाह की लहर 8. इच्छा का भँवर

8

सहर से एक किरन की फ़क़त तलब थी मुझे
तमाम रात मगर बेकली ग़ज़ब थी मुझे

किनार-ए-शाम पे सुर्ख़ी[1] शफ़क़[2] की दौड़ गई
लहू उगलने की यूँ आरज़ू भी कब थी मुझे

पते की इक न कही सुब्ह के उजालों में
ये और बात थी अज़बर[3] हदीस-ए-शब[4] थी मुझे

मैं तेरी रूह की पहनाई[5] में उतर न सका
कि तुझसे सिर्फ़ तमन्ना-ए-लब-ब-लब[6] थी मुझे

मैं ख़ुद ही बज़्म[7] भी और ख़ुद ही बज़्म-आरा[8] भी
कि नागवार[9] हर इक महफ़िल-ए-तरब[10] थी मुझे

मैं अपने वक़्त का सुक़रात तो नहीं लेकिन
जहाँ पे बात छिड़ी फिर वहीं पे शब थी मुझे

मैं अपनी ज़ात[11] के अंदर कभी न झाँक सका
ये और बात कि ये आरज़ू भी कब थी मुझे

फ़सील-ए-शब[12] से कोई अब पुकारता है तो क्या
मिला न एक भी उस दिन, तलाश जब थी मुझे

शिकायत-ए-शब-ए-हिज्राँ[13] कभी न की मोहसिन
हिकायत-ए-ग़म-ए-दिल[14] वर्ना याद सब थी मुझे

---

1. लाली 2. उषा 3. कंठस्थ 4. रात की बात 5. गहराई 6. होंठों पर होंठों की इच्छा 7. सभा 8. सभा की शोभा बढ़ाने वाला 9. जो अच्छा न लगे 10. ख़ुशी की सभा 11. अस्तित्व 12. रात की फ़सील 13. विरह की रात की शिकायत 14. दिल के दुख की कहानी

अशआर

मेरे वुजूद के दोज़ख़[1] को सर्द कर देगा
अगर वो अब्र-ए-करम[2] है तो खुल के बरसेगा

जिसे जलाया लहू दे के रौशनी के लिए
अब उस चराग़ की ज़द में ख़ुद अपना घर देखूँ

रिफ़अत-ए-दार[3] भी छू ली तेरी ख़ातिर मैंने
मुनकिर-ए-अहद-ए-वफ़ा[4] और बता क्या करता

कितनी ख़ामोशी है बाम-ओ-दर-ओ-दीवार पे आज
दिल जो धड़का तो ये सन्नाटा बिखर जाएगा

पुकारता नहीं कोई भी आशना की तरह
खड़ा हूँ अपनी ही दहलीज़ पर गदा की तरह

घर के दर-ओ-दीवार भी हो जाएँगे रौशन
इस वक़्त तो सुलतान की दरगाह को देखो

अबके उठे दर-ओ-दीवार से शोला ऐसा
दह्र ने देखा न हो शह्र का जलना ऐसा

ज़ुलेख़ा[5], बर-सर-ए-पैकार[6], शाह-ए-मिस्र[7] से है
कि उसका यूसुफ़-ए-कनआँ[8] असीर-ए-चाह[9] में है

---

1. नर्क 2. कृपालु बादल 3. सूली की ऊँचाई 4. प्रेम के वचन को नकारनेवाला 5. मिस्र के बादशाह अज़ीज़ की पत्नी, जो हज़रत यूसुफ़ पर मुग्ध हो गई थी 6. लड़ाई के लिए तैयार 7. मिस्र का बादशाह 8. कनआँ का यूसुफ़ (कनआन : हज़रत यूसुफ़ की जन्मभूमि) 9. कुएँ में क़ैद

मोहसिन भोपाली

नाम : अब्दुर्रहमान। इनका जन्म 29 सितंबर, 1932 को भोपाल (मध्य प्रदेश) में हुआ। पाकिस्तान बना तो लड़काना चले गए। कराची यूनिवर्सिटी से उर्दू में एम.ए. और एन.ई.डी. कॉलेज से इंजीनियरिंग का डिप्लोमा। मोहसिन उन गिने-चुने प्रगतिशील कवियों में से हैं जो क्रांति की सुबह का इंतज़ार करते-करते कटु, तिजारती या फ़िल्मी नहीं हो गए। वे नारा-ए-इंक़लाब हुमक-हुमककर बुलंद करते आए और अगर किसी को उनकी दहाड़ पर एतराज़ होता तो :

भीतर में गुनगुना रहे हो तुम
नारा-ए-हक़ लगा रहा हूँ मैं।

भोपाली की कविता केवल आन्दोलनकारी दुराग्रह नहीं, उन तमाम लोगों की संवेदनाओं का समास है जो हिंदुस्तान छोड़कर पाकिस्तान जा बसे। शरणार्थी, जिलावतन मुहाजिर होने का ख़याल उन्हें यारान-ए-वतन भूलने नहीं देता। पाकिस्तान से हिंदुस्तान तक फैली हुई संबंध-तंत्रियों की इस झनकार के टुकड़े उनके कई अशआर को कहावतों की मर्मस्पर्शी साफ़बयानी तक ले आए हैं। जैसे उनका—

नैरंगी-ए-सियासत-ए-दौराँ तो देखिये
मंज़िल उन्हें मिली जो शरीक-ए-सफ़र न थे

ऐसे लोगों की ज़बान पर भी जारी है जिनकी शेर-ओ-शायरी में कोई दिलचस्पी नहीं, लेकिन जो पाकिस्तानी राजनीति में परदेसीपन के इस यथार्थ की मार सह रहे हैं।

मोहसिन भोपाली के अब तक चार संग्रह छपे हैं : नज़्मों, ग़ज़लों का मजमूआ 'शिकस्त-ए-शब' (1961), क़तआत 'जस्ता-जस्ता' (1969), मंज़ूम अफ़साने 'नज़्माने' (1975), नज़्मों और ग़ज़लों का एक और मजमूआ 'माजरा' (1981)। 'माजरा' ऐवान-ए-अदब, कराची से प्रकाशित हुआ है।

17 जनवरी, 2007 को इनका निधन हो गया।

जेनरेशन गैप

नवीन बेटी!
चलो भी। शॉपिंग करते-करते
चराग़-बत्ती का वक़्त आया।

ये आप क्या कह रही हैं अम्मी!?
अजीब बात है आपकी भी!
अभी तो बाज़ार जगमगाएगा
और सड़कों पे नूर-ओ-नकहत[1] का सैल[2] होगा
नियोन साइन की रौशनियाँ धनक बिखेरेंगी।
अब तो अम्मी सही मानों में दिन चढ़ेगा।

ग़ज़ल

1

ता-देर[3] हम बा-दीदा-ए-तर[4] देखते रहे
यादें थीं जिसमें दफ़्न वो घर देखते रहे

क्या-क्या न एतिबार दिया इक सराब ने
हरचंद तशना-लब[5] थे मगर देखते रहे

---

1. सुगंध और रौशनी 2. सैलाब 3. देर तक 4. भीगी आँखों से 5. प्यासे

सूरज चढ़ा तो फिर भी वही लोग ज़द में थे
शब-भर[1] जो इंतज़ार-ए-सहर[2] देखते रहे

मजबूरियाँ क़रीना-ए-हस्ती[3] सिखा गईं
महरूमियों में अपनी असर देखते रहे

यह दिल ही जानता है कि किस हौसले के साथ
ना-क़द्री-ए-मता-ए-हुनर[4] देखते रहे

मोहसिन उरूज-ए-कमनज़राँ[5] सानिहा[6] नहीं
ये सानिहा है अह्ल-ए-नज़र[7] देखते रहे

2

शब-ए-रफ़्ता[8] से फिर पैमाँ[9] हुए हैं
उजाले के नए इमकाँ[10] हुए हैं

ज़मीं अह्ल-ए-ज़मीं[11] में बट गई है
समंदर के सफ़र आसाँ हुए हैं

जो थे पहले भी हर मौसम के साथी
वो पौदे अब के भी अरज़ाँ[12] हुए हैं

जिधर का रुख़ हो ये भी साथ देंगे
हवाओं से नए पैमाँ हुए हैं

तो क्यों है इम्तियाज़-ए-शह्र-ओ-सहरा[13]
अगर जज्बे असास-ए-जाँ[14] हुए हैं

---

1. रात-भर 2. सुबह की प्रतीक्षा 3. जीने का ढंग 4. कला की पूंजी का अनादर 5. नासमझों का 6. दुर्घटना 7. समझदार लोग 8. गुज़री हुई रात 9. प्रतिज्ञा 10. संभावना 11. धरती पर बसने वाले 12. सस्ते 13. जंगल और शहर में भेद 14. प्राणों की नींव

गिला था कसमपुर्सी का हमें भी
सो अपने घर में ही मेहमाँ हुए हैं

हमीं जैसे हैं कुछ महरूम-ए-नेमत[1]
सभी अब साहिब-ए-ईमाँ[2] हुए हैं

3

जिसका दर्द बटाओगे
उससे रंज उठाओगे

सबको दोस्त बनाओगे
सबको दुश्मन बना पाओगे

दीवाने को मत समझाओ
दीवाने कहलाओगे

दूर न जाओ नज़रों से
दुनिया में खो जाओगे

महफ़िल-महफ़िल छुपते हो
ख़ल्वत[3]-ख़ल्वत पाओगे

तन-आसानी कहती है
मुश्किल में पड़ जाओगे

मोहसिन को समझाते हो
ख़ुद को भी समझाओगे

---

1. ख़ुदा की देन से वंचित 2. धर्म पर दृढ़ विश्वास रखने वाले 3. एकान्त

4

दोस्तो, बारगह-ए-क़त्ल[1] सजाते जाओ
क़र्ज़ है रिश्ता-ए-जाँ[2], क़र्ज़ चुकाते जाओ

रहे ख़ामोश तो ये होंठ सुलग उठेंगे
शोला-ए-फ़िक्र को आवाज़ बनाते जाओ

अपनी तक़दीर में सहरा है तो सहरा ही सही
आबला-पाओ[3]! नए फूल खिलाते जाओ

ज़िन्दगी साया-ए-दीवार[4] नहीं, दार[5] भी है
ज़ीस्त[6] को इश्क़ के आदाब सिखाते जाओ

बेज़मीरी[7] है सरअफ़राज़ को ग़म कैसा है
अपनी तज़लील[8] को मेआर बनाते जाओ

ऐ मसीहाओ! अगर चारागरी[9] है दुश्वार
हो सके तुझसे, नया ज़ख़्म लगाते जाओ

कारवाँ अज़्म[10] का रोके से कहीं रुकता है
लाख तुम राह में दीवार उठाते जाओ

एक मुद्दत की रफ़ाक़त[11] का हो कुछ तो इनआम[12]
जाते-जाते कोई इलज़ाम लगाते जाओ

जिनको गहना दिया अफ़कार[13] की परछाईं ने
मोहसिन उन चेहरों को आईना दिखाते जाओ!

---

1. वध-स्थान 2. जीवन-सूत्र 3. जिनके पैरों में छाले हों 4. दोवार की छाया 5. सूली 6. जीवन 7. अंतरात्मा का न होना 8. अपमान 9. चिकित्सा 10. संकल्प 11. दोस्ती 12. पुरस्कार 13. चिंता (बहुव.)

5

निगार-ए-सुब्ह-ए-दरख़्शाँ[1] से लौ लगाए हुए
हैं अपने दोश[2] पे अपनी सलीब उठाए हुए

गुज़र रहे हैं दबे पाँव, वक़्त की मानिंद
फ़राज़-ए-दार[3] पे अपनी नज़र जमाए हुए

सिला[4] मिले-न मिले, ख़ून-ए-दिल छिड़कते चलें
हर एक ख़ार है दस्त-ए-तलब[5] बढ़ाए हुए

वो अब भी साया-ए-अब्र-ए-रवाँ[6] को तकते हैं
जिन्हें ज़माना हुआ अपना घर जलाए हुए

छलक सका न कभी जामे-चश्म-ए-तर[7] मोहसिन
अगरचे उम्र हुई हमको गुनगुनाए हुए

6

सहमे-सहमे, चलते-फिरते, लाशों जैसे लोग
वक़्त से पहले मर जाते हैं कितने ऐसे लोग

सिर पर चढ़कर बोल रहे हैं पौदे जैसे लोग
पेड़ बने ख़ामोश खड़े हैं कैसे-कैसे लोग

चढ़ता सूरज देख के ख़ुश हैं कौन इन्हें समझाए
तपती धूप में कुम्हलाएँगे ग़ुंचे[8] जैसे लोग

शब के राजदुलारो, सोचो अपना भी अंजाम
शब का क्या है, काट ही देंगे जैसे-तैसे लोग

---

1. चमकती हुई सुबह की प्रतिमा 2. कंधा 3. सूली की ऊँचाई 4. भलाई का बदला 5. माँगने के लिए उठा हुआ हाथ 6. जाती हुई घटा की छाया 7. भीगी हुई आँख का जाम 8. कलियाँ

ग़म का दर्मां[1] सोचने बैठे थे जो रात गए
फ़िक्र-ए-फ़र्दा[2] ले कर उठे बज़्म-ए-मय[3] से लोग

मोहसिन और भी निखरेगा इन शेरों का मफ़हूम[4]
अपने आपको पहचानेंगे जैसे-जैसे लोग

7

रात-भर जीने से क्या, शम-ए-शबिस्ताँ[5] की तरह
एक लम्हा[6] है बहुत, शोला-ए-रक़्साँ[7] की तरह

दिल के ज़ख़्मों से भी फूलों का गुमाँ[8] होता है
याद आई है तेरी, मौज-ए-बहाराँ[9] की तरह

क्यों हो ख़ामोश, रफ़ीक़ान-ए-चमन! कुछ तो कहो
सुब्ह-ए-गुलशन भी न गुज़रे शब-ए-ज़िन्दा[10] की तरह

लज़्ज़त-ए-दर्द[11] को अर्बाब-ए-हवस[12] क्या जानें
लज़्ज़त-ए-दर्द कि अर्ज़ां[13] नहीं दर्मां[14] की तरह

यूरिश-ए-दर्द[15] ने पिंदार-ए-वफ़ा[16] तोड़ दिया
हम भी नादिम[17] हैं बहुत, हुस्न-ए-पशेमाँ[18] की तरह

याद रक्खेगा सुलगता हुआ माहौल हमें
ख़ारज़ारों[19] में रहे हम, गुल-ए-ख़ंदाँ[20] की तरह

---

1. इलाज 2. आनेवाली कल की चिता 3. शराब की महफ़िल 4. अर्थ 5. शयनागार की शमा 6. क्षण 7. नाचती हुई आग 8. भ्रम 9. वसंत की लहर 10. कारागार की रात 11. दुख का स्वाद 12. लालची 13. सस्ता 14. इलाज 15. दुख का आक्रमण 16. प्रेम का अभिमान 17. लज्जित 18. लज्जित 19. जहाँ काँटे-ही-काँटे हों 20. हँसता हुआ फूल

तब-ए-ख़ुद्दार[1] पे इक-तफ़ी[2] सितम[3] है मोहसिन
उनका अंदाज़-ए-करम[4], ग़ैर के एहसाँ[5] की तरह

8

जाम-ए-तही क़बूल न था, ग़म समो लिए
फूलों के इंतज़ार में काँटे चुभो लिए

महरूमी-ए-दवाम[6] भी क्या लुत्फ़ दे गई
ये सोच के हँसे हैं कि इक उम्र रो लिए

हम हैं वो सादा-लौह[7] कि पा कर रज़ा-ए-दोस्त[8]
ख़ुद अपने हाथ अपने ही ख़ूँ में डुबो लिए

जिस सम्त से भी बाँग-ए-जरस[9] आई दश्त[10] में
दीवानगान-ए-शौक़[11] उसी सम्त[12] हो लिए

पिछला पहर है शब का कि है शाम का समाँ
वो क्या बता सकेंगे जो इक नींद सो लिए

क्या जब्र[13] है, सबूत-ए-वफ़ा पेश कीजिए
और उनका नाम आए तो फिर लब न खोलिए

मोहसिन ज़ुबान दीजिए बज़्म-ए-ख़मोश[14] को
मुहमिल[15] है आज लफ़्ज-ए-सुख़न[16] कुछ तो बोलिए

---

1. जिसकी तबीयत में स्वाभिमान हो 2. एक ओर का पक्षपात लिये हुए 3. अत्याचार 4. कृपा का अंदाज़ 5. आभार 6. नित्यता से वंचित 7. भोला-भाला 8. दोस्त की स्वीकृति 9. यात्रियों के दल के घंटे की आवाज़ 10. जंगल 11. दीवाने 12. दिशा 13. अत्याचार 14. मौन सभा 15. अर्थहीन 16. शायरी का शब्द

अशआर

हमारी जान पे दोहरा अज़ाब[1] है मोहसिन
कि देखना ही नहीं हमको सोचना भी है

बात कहने की हमेशा भूले
लाख अंगुश्त[2] पे धागा बाँधा

बे-सबब[3] लोग बदलते नहीं मस्कन[4] अपना
तुमने जलते हुए देखा है नशेमन[5] अपना

रौशनी हैं सफ़र में रहते हैं
वक़्त की रहगुज़र में रहते हैं

---

1. यातना 2. उँगली 3. अकारण 4. रहने का स्थान 5. घोंसला

शकेब जलाली

पुरा नाम : सैयद हसन रिज़वी; तख़ल्लुस : शकेब। इनका जन्म 1 अक्तूबर, 1934 को जलाली, ज़िला अलीगढ़, उत्तर प्रदेश में हुआ। जब शकेब दस साल के थे, उनके पिता ने पागलपन के दौरे में शकेब की माँ को रेल के आगे धक्का देकर गिरा दिया। ख़ानदान का अकेला बेटा और चार बहनों का भाई पहले माँ की ममता से महरूम हुआ, फिर पिता पूरी तरह पागल हो गए। परिवार की सारी ज़िम्मेदारी शकेब पर आ पड़ी। वो बदायूँ से मैट्रिक पास करने के बाद बहनों को साथ ले कर रावलपिंडी चले गए। वहाँ बड़ी मुश्किलों में रोज़ी कमाने के साथ-साथ लाहौर से बी.ए. किया। थल डेवलपमेंट अथॉरिटी में नौकरी मिली। शादी और बच्चे हुए। जब लगता था कि आर्थिक संघर्ष के दिन ख़त्म हो कर सब-कुछ ठीक-ठाक हो गया है, तभी बत्तीस साल की उम्र में 12 नवंबर, 1966 को शकेब जलाली रेल की पटरी पर यूँ कटा कि उसका धड़ अस्पताल में पहले पहुँचा, टाँगें बाद में लाई गईं।

ग़ुलाम जीलानी असग़र लिखते हैं : "शकेब ने ख़ुदकुशी[1] कर ली। लेकिन शकेब तो इससे बहुत पहले मर चुका था। ख़ुदकुशी तो सिर्फ़ उसका ग़ैरशायराना इज़हार[2] था। मौत से कोई तीन माह पहले वो एक शाम मेरे यहाँ आ गया। उसके अंदाज़ में वही महबूबियत और धीमापन था, लेकिन वो कुछ उलझा-उलझा-सा था। ऐसा महसूस होता था कि उसके अंदर एक शदीद जंग[3] हो रही है और वो महाज़-ए-हस्ती[4] से पसपा[5] हो कर मेरे पास कुमक[6] या दाद लेने के लिए आया है। 'क्या आपने कभी ज़िन्दगी के मुतअल्लिक़ सोचा है?' ये मेरे लिए एक ग़ैर-मुतवक़्क़े[7] सवाल था। मैंने नीम-आरिफ़ाना-सा[8] जवाब दिया : 'भई शकेब! अगर बे-सोचे-समझे जिया जाए तो ज़िन्दगी बड़ी सहल है वरना आदमी इस चीस्ताँ[9] में उलझकर रह जाता है।' इसके बाद मैंने उसका मूड बदलने की

1. आत्महत्या 2. अकाव्यात्मक अभिव्यक्ति 3. प्रचंड युद्ध 4. अस्तित्व का युद्ध-क्षेत्र 5. पराजित 6. सहायता 7. जिसकी आशा न हो 8. दार्शनिकों जैसा 9. पहेली

कोशिश की, लेकिन मुझे यूँ महसूस हुआ जैसे ग़म की आकाशबेल ने शकेब को अपनी गिरिफ़्त में जकड़ लिया है और वो उसकी गिरिफ़्त से निकलने के लिए हाथ-पाँव मार रहा है।

"शाम गहरी होने लगी। मैं और शकेब दोनों एक अनजाने ग़म के हिसार[1] में आ गए। कमरे की पुरअसरार ख़ामोशी ने ग़म के उस ज़ह्र को और तल्ख़ कर दिया। हम दोनों उस हिसार को तोड़ कर बाहर रौशनी में आ गए। इसके बाद मैं उससे न मिल सका।

"एक दिन भुक्कर से नुसरत चौधरी आया, बड़े राज़दाराना[2] अंदाज़ में कहने लगा : 'आपने सुना, शकेब पागल हो गया, इन दिनों लाहौर में है।' उस दिन मुझे बड़ा दुख हुआ। जब कोई शख़्स पागल हो जाता है तो मेरे अंदर मुदाफ़िअत[3] की एक दीवार धम-से गिर जाती है। पागलपन तो एक बड़ा कर्बनाक[4] मज़ाक़ है। इससे तो इनसान की शख़्सियत की सारी चूलें हिल जाती हैं और फिर शकेब की शायरी में पागलपन के आसार तो कहीं भी नज़र नहीं आते। वहाँ तो सिर्फ़ तन्हाई है, शाम-ए-ग़म की गहरी, यख-बस्ता तन्हाई। ऐसा लगता है जैसे कोई बे-कराँ तन्हाई में एक टुंड-मुंड दरख़्त की तरह बेसहारा खड़ा हो। शायद तन्हाई का अहसास पागलपन की शाहराह[5] पर पहला संग-ए-मील[6] हो।

"ज़ोहराबाद में मुशायरा था। शोहरत बुख़ारी थके-थके अंदाज़ में अपनी ग़ज़ल सुना रहा था। हसन अख़्तर जलील मेरे क़रीब आ गया : 'आपने सुना, शकेब लाहौर से वापस आ गया है? अब बिलकुल ठीक है। कल डेढ़ बजे उससे मिलूँगा।' मुझे इस ख़बर से ख़ुशी हुई। अख़्तर डेढ़ बजे शकेब से न मिल सका, क्योंकि उसने ज़िन्दगी की नायाब दौलत को बड़ी हिक़ारत[7] से ठुकरा दिया था। लेकिन उस हिकारत में भी रख-रखाव का पहलू ग़ालिब था। उसने उम्र-भर फ़न[8] की रियाज़त[9] में जिस सलीक़े का मुज़ाहिरा[10] किया था वही सलीक़ा मौत के इंतिख़ाब[11] में भी था। उसने बहुत पहले अपनी मौत का मंशूर[12] छाप दिया था :

फ़सील-ए-जिस्म पे ताज़ा लहू के छींटे हैं
हुदूद-ए-वक़्त से आगे निकल गया हूँ मैं।

---

1. परिधि 2. रहस्यपूर्ण 3. बचाव 4. यातनाजनक 5. लंबी सड़क 6. मील का पत्थर 7. तिरस्कार 8. कला 9. परिश्रम 10. प्रदर्शन 11. चयन 12. घोषणा-पत्र

"शकेब ने चुनांचे ऐसी मौत को अपने लिए चुना जिसमें लहू की ताज़गी और वक़्त की शिकस्त हो। मैंने जब उसके चेहरे से क़फ़न सरका कर देखा तो मुझे यूँ महसूस हुआ जैसे शकेब अपने फ़ैसले पर बड़ा मुतमइन[1] है। कितना विश्वास था उसके चेहरे पर! मैंने ऐसा विश्वास सिर्फ़ बुद्ध के चेहरे पर देखा है।

"उसने एक परचे पर सिर्फ़ यही लिखा था : 'मैं अपनी ज़िम्मेदारी पर मर रहा हूँ।' यूँ तो हर मरने वाला अपनी ज़िम्मेदारी पर मरता है, लेकिन उसका एलान इस सजधज से करता है कि उसकी ज़िम्मेदारी में सारी इनसानी बिरादरी शरीक हो जाती है। शकेब उम्र-भर लंबे-चौड़े दावों से गुरेज़[2] करता रहा और जब वो मौत की कठिन वादी से गुज़र रहा था तो उसने उसी बावक़ार ज़ब्त[3] का मुज़ाहिरा किया जैसे वो अपने शेरों पर दाद मिलने पर किया करता था। मौत के बाद भी शकेब ने अपनी इंफ़रादियत[4] को मजरूह[5] नहीं होने दिया।

सवाल उठता है कि शकेब ने इतनी कर्बनाक मौत अपने लिए क्यों चुनी? वो शम्स आग़ा की तरह ख़ामोशी से ज़िन्दगी के कारवाँ से अलग हो सकता था। वो शेर की अनी चाटकर धीरे-धीरे सोगवार मौत भी मर सकता था, लेकिन शकेब तो शऊरी सतह पर मरना चाहता था। एक ऐसी मौत जो उसके ज़ह्न की गहराइयों से इंतक़ाम की सारी आलाइशों[6] को धो दे और वो एक पुरसुकून नींद सो सके। ये जज़्बा शायद बचपन से उसका पीछा कर रहा था जब शकेब के वालिद ने उसकी माँ को रेल के आगे धक्का दे कर गिरा दिया था। ये सानिहा[7] शकेब के ज़ह्न पर अमिट नुक़ूश छोड़ गया। वक़्त के साथ यादें तो धुँधला जाती हैं, लेकिन यादों की ख़बरें तो ज़ह्न के पाताल में दूर तक चली जाती हैं और एक दिन इस शिद्दत से उभरती हैं कि ज़िन्दगी का सारा अन्दोख़्ता[8] उनकी ज़द[9] में आ जाता है। शकेब ने अपने-आपको बाप की इमेज के साथ इतना मुकम्मल[10] तौर पर हमआहंग कर लिया कि एक दिन उसने माँ की मौत का बदला लेने के लिए अपने अंदर के बाप को गाड़ी के आगे डाल दिया। जिस्म तो मर गया, लेकिन रूह ने अबदी[11] निर्वाण हासिल कर लिया। वो इस ग़म की आँच में तन्हा जलता रहा।"

ये बेनाम आग शकेब जलाली के शेरों में हर जगह मौजूद है। अहमद नदीम क़ासमी ने लिखा है : "जब कोई मुझसे पूछता है कि पिछले 10-12 बरस के अंदर कोई ऐसा शायर उभरा है जिसने सही मानों में भरपूर ग़ज़ल कही है, तो

---

1. संतुष्ट 2. उपेक्षा 3. श्रेष्ठ सहनशीलता 4. वैयक्तिकता 5. क्षत 6. गंदगी 7. घटना 8. बचाया हुआ 9. निशाना 10. पूर्ण 11. अमर

बग़ैर किसी तकल्लुफ़ के मैं शकेब जलाली का नाम लेता हूं। शकेब का सबसे मुअस्सिर[1] हथियार उसके सिंबल हैं। शकेब के सिंबलों में न वो पुरानापन है कि छू लो तो भुर जाएँ, न वो जिद्दत[2] है कि शायर सिर्फ़ चौंकाने पर कमर बाँध ले। ये सिंबल पढ़ने वाले के ज़ह्न में एक मुकम्मल तसवीर ले आते हैं और उस तसवीर के पसमंज़र[3] में शेर में छुपा हुआ ख़याल या जज़्बा पूरे हुस्न से जगमगा उठता है।"

शकेब ने अपने संकलन का नाम 'रौशनी-से-रौशनी' आत्महत्या करने से पहले चुन लिया। लेकिन उनकी किताब मृत्योपरांत अगस्त, 1972 में अहमद नदीम क़ासमी ने प्रकाशित की।

---

11. गुणकारी 12. नयापन 13. पृष्ठभूमि

ग़ज़ल

1

जहाँ तलक भी ये सहरा दिखाई देता है
मेरी तरह से अकेला दिखाई देता है

न इतनी तेज़ चले, सरफिरी हवा से कहो
शजर पे एक ही पत्ता दिखाई देता है

बुरा न मानिए लोगों की ऐब-जूई का
उन्हें तो दिन का भी साया दिखाई देता है

ये एक अब्र[1] का टुकड़ा कहाँ-कहाँ बरसे
तमाम दश्त ही प्यासा दिखाई देता है

वहीं पहुँच के गिराएँगे बादबाँ[2] अपने
वो दूर कोई जज़ीरा दिखाई देता है

वो अलविदा का मंज़र[3] वो भीगती पलकें
पस-ए-गुबार[4] भी क्या-क्या दिखाई देता है

मेरी निगाह से छुप कर कहाँ रहेगा कोई
कि अब तो संग भी शीशा दिखाई देता है

सिमट के रह गए आख़िर पहाड़ से क़द भी
ज़मीं से हर कोई ऊँचा दिखाई देता है

---

1. बादल 2. पोत-पट 3. दृश्य 4. धूल के पीछे

खिली है दिल में किसी के बदन की धूप शकेब
हर-एक फूल सुनहरा दिखाई देता है

2

ख़िज़ाँ के चाँद ने पूछा ये झुक के खिड़की में
कभी चराग़ भी जलता है इस हवेली में

ये आदमी हैं कि साए हैं आदमियत के
गुज़र हुआ है मेरा किस उजाड़ बस्ती में

झुकी चट्टान, फिसलती गिरिफ़्त, झूलता जिस्म
मैं अब गिरा ही गिरा तंग-ओ-तार घाटी में

ज़माने-भर से निराली है आपकी मंतिक़[1]
नदी को पार किया किसने उलटी कश्ती में

जलाए क्यों, अगर इतने ही क़ीमती थे ख़ुतूत
कुरेदते हो अबस[2] राख अब अँगीठी में

अजब नहीं जो उगें याँ दरख़्त पानी के
कि अश्क बोए हैं शब-भर[3] किसी ने धरती में

मेरी गिरिफ़्त में आ कर निकल गई तितली
परों के रंग मगर रह गए हैं चुटकी में

चलोगे साथ मेरे आगही[4] की सरहद तक?
ये रहगुज़ार उतरती है गहरे पानी में

मैं अपनी बे-ख़बरी से शकेब वाक़िफ़ हूँ
बताओ पेच हैं कितने तुम्हारी पगड़ी में

1.नियम का शास्त्र 2. बेकार 3. रात-भर 4. ज्ञान

3

आता है हर चढ़ाई के बाद इक उतार भी
पस्ती से हमकिनार मिले कोहसार[1] भी

आख़िर को थक के बैठ गई इक मुक़ाम पर
कुछ दूर मेरे साथ चली रहगुज़ार भी

दिल क्यों धड़कने लगता है उभरे जो कोई चाप
अब तो नहीं किसी का मुझे इंतज़ार भी!

जब भी सुकूत-ए-शाम[2] में आया, तेरा ख़याल
कुछ देर को ठहर-सा गया आबशार[3] भी

कुछ हो गया है धूप से ख़ाकस्तरी[4] बदन
कुछ जम गया है राह का मुझ पर ग़ुबार भी

इस फ़ासलों के दश्त में रहबर वही बने
जिसकी निगाह देख ले सदियों के पार भी

ऐ दोस्त, पहले क़ुर्ब[5] का नशा अजीब था
मैं सुन सका न अपने बदन की पुकार भी

रस्ता भी वापसी का कहीं बन में खो गया
ओझल हुई निगाह से, हिरनों की डार भी

क्यों रो रहे हो राह के अंधे चराग़ को
क्या बुझ गया हवा से लहू का शरार[6] भी

कुछ अक़्ल भी है बाइस-ए-तौक़ीर[7] ऐ शकेब
कुछ आ गए हैं बालों में चाँदी के तार भी

1. पर्वत 2. शाम के समय की शांति 3. झरना 4. मिट्टी के रंग का 5. निकटता 6. चिनगारी
7. सम्मान के लिए

4

फिर सुन रहा हूँ गुज़रे ज़माने की चाप को
भूला हुआ था देर से मैं अपने-आप को

रहते हैं कुछ मलूल[1]-से चेहरे पड़ोस में
इतना न तेज़ कीजिए ढोलक की थाप को

अश्कों की एक नह्र थी जो ख़ुश्क हो गई
क्योंकर मिटाऊँ दिल से तेरे ग़म की छाप को

कितना ही बे-किनार समुंदर हो, फिर भी दोस्त
रहता है बेक़रार नदी के मिलाप को

पहले तो मेरी याद से आई उन्हें हया
फिर आईने में चूम लिया अपने-आप को

तारीफ़ क्या हो क़ामत-ए-दिलदार[2] की शकेब
तजसीम[3] कर दिया है किसी ने अलाप को

5

वहाँ की रौशनियों ने भी ज़ुल्म ढाए बहुत
मैं उस गली में अकेला था और साए बहुत

किसी के सर पे कभी टूटकर गिरा ही नहीं
इस आसमाँ ने हवा में क़दम जमाए बहुत

न जाने रुत का तसर्रुफ़[4] था या नज़र का फ़रेब
कली वही थी मगर रंग झिलमिलाए बहुत

---

1. दुखित 2. नायक या नायिका के शरीर की बनावट 3. मानवी करण या निर्जीव को जीवधारी ठहराना 4. आधिपत्य

हवा का रुख़ ही अचानक बदल गया वरना
महक के क़ाफ़िले सहरा की सम्त[1] आए बहुत

ये कायनात[2] है मेरी ही ख़ाक का ज़र्रा[3]
मैं अपने दश्त से गुज़रा तो भेद पाए बहुत

जो मोतियों की तलब ने कभी उदास किया
तो हम भी राह से कंकर समेट लाए बहुत

बस एक रात ठहरना है, क्या गिला कीजे
मुसाफ़िरों को ग़नीमत है ये सराय[4] बहुत

जमी रहेगी निगाहों पे तीरगी दिन-भर
कि रात ख़्वाब में तारे उतर के आए बहुत

शकेब कैसी उड़ान, अब तो पर ही टूट गए
कि ज़ेर-ए-दाम[5] जब आए थे, फड़फड़ाए बहुत

6

किनार-ए-आब खड़ा ख़ुद से कह रहा है कोई
गुमाँ गुज़रता है, ये शख़्स दूसरा है कोई

हवा ने तोड़ के पत्ता ज़मीं पे फेंका है
कि शब की झील में पत्थर गिरा दिया है कोई

बटा सके हैं पड़ोसी किसी का दर्द कभी
यही बहुत है कि चेहरे से आशना है कोई

दरख़्त राह बताएँ हिला-हिलाकर हाथ
कि क़ाफ़िले से मुसाफ़िर बिछड़ गया है कोई

---

1. दिशा 2. सृष्टि 3. कण 4. यात्रियों के ठहरने की जगह 5. जाल में फँसना

छुड़ा के हाथ बहुत दूर बह गया है चाँद
किसी के साथ समंदर में डूबता है कोई

यह आसमान से टूटा हुआ सितारा है
कि दश्त-ए-शब[1] में भटकती हुई सदा है कोई

मकान और नहीं है बदल गया है मकीं
उफ़ुक़ वही है मगर चाँद दूसरा है कोई

फ़सील-ए-जिस्म[2] पे ताज़ा लहू के छींटे हैं
हुदूद-ए-वक़्त[3] से आगे निकल गया है कोई

शकेब दीप-से लहरा रहे हैं पलकों पर
दयार-ए-चश्म[4] में क्या आज रतजगा है कोई

7

दर्द के मौसम का क्या होगा असर अनजान पर
दोस्तो पानी कभी रुकता नहीं ढलवान पर

आज तक उसके तआक़ुब[5] में बगूले हैं रवाँ
अब्र का टुकड़ा कभी बरसा था रेगिस्तान पर

मैं जो परबत पर चढ़ा वो और ऊँचा हो गया
आसमाँ झुकता नज़र आया मुझे मैदान पर

कमरे ख़ाली हो गए, सायों से आँगन भर गया
डूबते सूरज की किरनें जब पड़ीं दालान पर

अब यहाँ कोई नहीं है किससे बातें कीजिए
ये मगर चुपचाप-सी तसवीर आतिशदान पर

---

1. रात-रूपी जंगल 2. शरीर की चारदीवारी 3. समय की सीमारेखा 4. आँख का घर 5. पीछे भागना

आज भी शायद कोई फूलों का तोहफ़ा भेज दे
तितलियाँ मँडला रही हैं काँच के गुलदान पर

बस चले तो अपनी उर्यानी[1] को इससे ढाँप लूँ
नीली चादर-सी तनी है जो खुले मैदान पर

वो ख़मोशी उँगलियाँ चटख़ा रही थी ऐ शकेब
या कि बूँदें बज रही थीं रात रौशन दान पर

8

मुरझा के काली झील में गिरते हुए भी देख
सूरज हूँ मेरा रंग मगर दिन ढले भी देख

हर चंद राख हो के बिखरना है राह में
जलते हुए परों से उड़ा हूँ मुझे भी देख

आलम में जिसकी धूम थी, उस शाहकार पर
दीमक ने जो लिखे कभी वे तबसरे[2] भी देख

तूने कहा न था कि मैं कश्ती पे बोझ हूँ
आँखों को अब न ढाँप मुझे डूबते भी देख

बिछती थीं जिसकी राह में फूलों की चादरें
अब उसकी ख़ाक घास के पैरों तले भी देख

क्या शाख़ बा-समर[3] है जो तकता है फ़र्श को
नज़रें उठा शकेब कभी सामने भी देख

---

1. नग्नता 2. विवरण या व्याख्या 3. फल सहित

9

उतर गया तने-नाज़ुक से पत्तियों का लिबास
किसी के हाथ न आई मगर गुलाब की बास

अब अपने जिस्म के साए में थक के बैठ रहो
कहीं दरख़्त नहीं रास्ते में, दूर न पास

हज़ार रंग की ज़ुलमत[1] में ले गई मुझको
बस इक चराग़ की ख़्वाहिश, बस इक शरार[2] की आस

तुम्हारे काम न आएगा जो भी दाना है
हर एक शख़्स पे क्यों कर रहे हो अपना क़यास[3]

किसी की आस तो टूटी कोई तो हार गया
कि नीम-बाज़[4] दरीचों में रौशनी है उदास

वो काले कोस की दूरी अब एक ख़्वाब-सी है
तुम आ गए हो मगर कब न थे हमारे पास

ये क्या तिलिस्म है, जब से कनार-ए-दरिया हूँ
शकेब और भी कुछ बढ़ गई है रूह की प्यास

10

गले मिला न कभी चाँद, बख़्त[5] ऐसा था
हरा-भरा बदन अपना दरख़्त ऐसा था

सितारे सिसकियाँ भरते थे, ओस रोती थी
फ़साना-ए-जिगर-ए-लख़्त-लख़्त[6] ऐसा था

---

1. अंधकार 2. चिनगारी 3. अनुमान 4. अधखुली 5. भाग्य 6. टुकड़े-टुकड़े जिगर की कहानी

ज़रा न मोम हुआ प्यार की हरारत[1] से
चटख़ के टूट गया, दिल कि सख़्त ऐसा था

यह और बात कि वो लब[2] थे फूल-से नाज़ुक
कोई न सह सके, लहजा[3] करख़्त[4] ऐसा था

कहाँ की सैर न की तौसन-ए-तख़य्युल[5] पर
हमें तो ये भी सुलेमाँ के तख़्त ऐसा था

इधर से गुज़रा था मुल्क-ए-सुख़न[6] का शहज़ादा
कोई न जान सका, साज़-ओ-रख़्त[7] ऐसा था

(ये शकेब जलाली की आखिरी ग़ज़ल है
जो उन्होंने पागलख़ाने में रची थी।)

अशआर

क्या कहूँ दीदा-ए-तर ये तो मेरा चेहरा है
संग कट जाते हैं बारिश की जहाँ धार गिरे

मेरी निगाह में ख़्वाहिश का शायबा[8] भी न था
ये बर्फ़-सी तेरे चेहरे पे क्यों पिघलने लगी

साया क्यों जल के हुआ ख़ाक तुझे क्या मालूम
तू कभी आग के दरियाओं में उतरा ही नहीं

कब से हैं एक हर्फ़ पे नज़रें जमी हुई
वो पढ़ रहा हूँ जो नहीं लिखा किताब में

---

1. गर्मी 2. होंठ 3. स्वर 4. कठोर 5. कल्पना का घोड़ा 6. शायरी का देश 7. सामान 8. चिह्न

जीने के साथ मौत का डर है लगा हुआ
ख़ुश्की दिखाई दी है समंदर को ख़्वाब में

पहचानते नहीं उसे महफ़िल में दोस्त भी
चेहरा हो जिसका गर्द-ए-अलम[1] में अटा हुआ

बीते लम्हे ध्यान में आ कर मुझसे सवाली होते हैं
तूने किस बंजर मिट्टी में मन का अमृत डोल दिया

यूँ तेरी गर्म-निगाही से पिघलते देखा
जिस तरह काँच का घर हो मेरे पिंदार[2] का शह्र

1. विपत्तियों की गर्द 2. कल्पना

सहबा अख़्तर

सहबा अख़्तर का जन्म 30 सितंबर, 1931 को जम्मू (कश्मीर) में हुआ।

बचपन और लड़कपन बरेली में गुज़रा। शिक्षा बरेली और अलीगढ़ में पाई। 1947 के बाद पाकिस्तान आ गए। सहबा के पिता मुंशी रहमत अली अच्छे नाटककार थे। मुंशीजी के लिखे नाटकों में 'तसवीर-ए-रहमत', 'दर्द-ए-जिगर', 'बा-वफ़ा आशिक', 'मुहब्बत का फूल' और 'जल्लाद आशिक़' बहुत पॉपुलर हुए।

सहबा ने रेडियो के लिए गीत लिखना शुरू किया तो फ़िल्मों से बुलावा आ गया। 1962 से शुरू कर कई फ़िल्मों के गीत उन्होंने लिखे। इसके अलावा 60 हज़ार से ज़्यादा शेर उन्होंने कहे हैं। दैनिक 'मशरिक़' में वो क़तआत (हास्य-व्यंग्य) लिखते रहे और राशनिंग विभाग में नौकर रहे।

नज़्म हो या ग़ज़ल, मसनवी हो या क़तआ, सहबा ने जिस किसी भी विधा में लिखा, भावानुभूति में डूबकर लिखा। सहबा अख़्तर ने अल्फ़ाज़ के तजुर्बे भी किये और शक्लों के भी। शायरी के हर रूप के तकाज़े निभाए, लेकिन किसी एक विधा या विषय के नहीं हो रहे। उन्हें अपनी महबूबा की कँवल जैसी आँखों से भी उतनी ही मुहब्बत है जितनी किसी अंधे को अँधेरे से। "मैं एक फूल के मुरझाने से भी उतना ही मुतास्सिर होता है जितना किसी शख़्स के मरने पर।" उनके दो संकलन 'सरकशीदा' और 'इक़रा' प्रकाशित हो चुके हैं।

19 फ़रवरी, 1996 को कराची में इनका निधन हो गया।

ग़ज़ल

1

फ़र्द-ए-इस्याँ[1] को वो सियाही दे
जिसकी वो ज़ुल्फ़ भी गवाही दे

बे-अमाँ[2], नीम-जाँ हूँ, मेरी जाँ
मुझको आग़ोश-ए-जाँ-पनाही दे[3]

अपनी ज़ुल्फ़ों के साये में मुझको
एक शब की सितारा-जाही[4] दे

दिल के उजड़े नगर को कर आबाद
इस डगर को भी कोई राही दे

मैंने तामीर[5] क़स्त्र-ए-शौक़[6] किया
तू इसे मुज़्दा-ए-तबाही[7] दे

बख़्शने वाले गुलरुख़ों[8] को जमाल[9]
मुझको सामान-ए-ख़ुश-निगाही[10] दे

मैं असीर-ए-गुमान-ए-ज़ुल्मत[11] हूँ
एतिमाद-ए-सहर-निगाही[12] दे

मुजरिम-ए-इश्क़ हूँ, मुझे सहबा
जो सज़ा दे वो बेगुनाही दे

---

1. पाप का चिट्ठा 2. असुरक्षित 3. मेरे प्राणों की रक्षा कर 4. तारे का पद 5. निर्माण 6. अभिलाषा का महल 7. विनाश की शुभ सूचना 8. फूल जैसी सुंदरियाँ 9. सौंदर्य 10. सुंदरता को निहारने वाली दृष्टि 11. अँधेरे के भ्रम का क़ैदी 12. सुबह को देखने का विश्वास

2

दोहराऊँ क्या फ़साना-ए-ख़्वाब-ओ-ख़याल[1] को
गुज़रे कई फ़िराक़[2], किसी के विसाल[3] को

रिश्ता बजुज़[4] गुमान[5] न था, ज़िन्दगी से कुछ
मैंने फ़क़त[6] क़यास[7] किया माह-ओ-साल[8] को

शायद वो संगदिल हो कभी माइल-ए-करम[9]
सूरत न दे यक़ीन[10] की इस एहतिमाल[11] को

तरग़ीब[12] का है वुसअत-ए-इमकाँ[13] पे इनहिसार[14]
रमख़ूर्दगी[15] सिखाता है सहरा, ग़ज़ाल[16] को

सहबा सदा-बहार है ये गुलिस्तान-ए-फ़न[17]
मुमकिन नहीं ज़वाल[18] सुख़न[19] के कमाल[20] को

3

असनाम-ए-माल-ओ-ज़र[21] की परस्तिश[22] सिखा गई
दुनिया मुझे भी आबिद-ए-दुनिया[23] बना गई

वो संगदिल, मज़ार-ए-वफ़ा[24] पर बनाम-ए-इश्क़[25]
आई तो मेरे नाम का पत्थर लगा गई

मेरे लिए हज़ार-तबस्सुम[26] थी वो बहार
जो आँसुओं की राह पे मुझको लगा गई

1. सपना और सोच की कथा 2. विरह 3. मिलन 4. अतिरिक्त 5. भ्रम 6. केवल 7. अनुमान 8. महीना और साल 9. कृपा करने को राजी 10. विश्वास 11. शंका 12. प्रलोभन 13. संभावना का विस्तार 14. निर्भरता 15. पलायन 16. हिरन 17. कला का बाग़ 18. पतन 19. शायरी 20. पूर्णता 21. धन-दौलत के देवता 22. पूजा 23. संसार की तपस्या करने वाला 24. प्रेम का मज़ार 25. प्रेम के नाम पर 26. मुसकराहट-ही-मुसकराहटें

गौहर-फ़रोश[1] शबनमी पलकों की छाँव में
क्या आग थी जो रूह के अंदर समा गई

मेरे सुख़न की दाद भी उसको ही दीजिये
वो जिसकी आरज़ू मुझे शायर बना गई

सह्बा वो रौशनी जो बहुत मेहरबान थी
क्यों मेरे रास्ते में अँधेरे बिछा गई

4

मैं बहारों के रूप में गुम था
जब तुझे मुझसे कुछ तबस्सुम था

था वो अपने ही खौफ़ का महकूम[2]
जिसकी आवाज़ में तहक्कुम[3] था

वस्ल[4] तेरा रहा न राज़ कि सुबह
दर-ओ-दीवार पर तबस्सुम था

मेरे शेरों में ढल सका न कभी
जो मेरी रूह में तरन्नुम[5] था

मैं पयम्बर[6] न था मगर मुझसे
माह-ओ-ख़ुरशीद[7] को तकल्लुम[8] था

सब बहाने थे कूचा-गर्दी के
कौन तेरी तलाश में गुम था

मेरा साहिल न बन सका सह्बा
मेरी फ़ितरत[9] में जो तलातुम[10] था

---

1. गुणों का प्रदर्शन करने वाली 2. अधीन 3. हुक्म जताना 4. मिलन 5. मधुर स्वर 6. अवतार 7. चाँद और सूरज 8. वार्तालाप 9. स्वभाव 10. बाढ़

5

गूँज मेरे गंभीर ख़यालों की मुझसे टकराती है
आँखें बंद करूँ या खोलूँ, बिजली कौंदे जाती है

तनहाई[1] के दश्त[2] से गुज़रो तो मुमकिन है तुम भी सुनो
सन्नाटे की चीख़ जो मेरे कानों को पथराती है

कल इक नीम-शगुफ़्ता[3] जिस्म के क़ुर्ब[4] से मुझ पर टूट पड़ी
आधी रात को अध-खिली कलियों से जो ख़ुशबू[5] आती है

सूने घरों में रहने वाले कुंदनी चेहरे कहते हैं
सारी-सारी रात अकेलेपन की आग जलाती है

सहबा साहिब! दरिया हो तो दरिया जैसी बात करो
तेज़ हवा से लहर तो इक जोहड़ में भी आ जाती है

6

सहरा-सहरा गुलशन-गुलशन गीत हमारे सुनिएगा
याद बहुत जब आएँगे हम बैठे सिर को धुनिएगा

आज हमारे अश्कों से दामन को बचा लें आप मगर
ये वो मोती हैं कल जिनको, शबनम-शबनम चुनिएगा

हमसे सादा दिल लोगों पर ज़ौक़-ए-असीरी[6] ख़त्म हुआ
हम न रहे तो किसकी ख़ातिर जाल सुनहरे बुनिएगा

दिल की बातें तूलानी हैं और ये रातें फ़ानी हैं
मैं भी कब तक बोल सकूँगा आप भी कब तक सुनिएगा

जिस सहबा के दिल देने के क़िस्से से नाराज़ हैं आप
उसने आख़िर जान भी दे दी ये भी इक दिन सुनिएगा

---

1. अकेलापन 2. जंगल 3. अधखिले 4. समीपता 5. सुगंध 6. कैद का मज़ा

7

क्यों उलझता है ज़माना, मुझसे शोलाकार से
सच का इक फ़िक़रा बड़ा है झूठ के अंबार से

बेकराँ, ख़ुद-साख़्ता[1] ज़िंदाँ में घुटकर रह गया
आदमी को क्या मिला, क़ैदे-दर-ओ-दीवार से

रात, उसके साथ, मैंने चाँद तक महसूस की
रौशनी उड़ती हुई उसके लब-ओ-रुख़सार से

उम्र गुज़री है हसीनों की परस्तिश में तमाम
मैं कभी काफ़िर न ठहरा हुस्न के इनकार से

दम-ब-दम पाती रही तरतीब[2] आयात-ए-जमाल[3]
रौशनी छनती रही इक परदा-ए-असरार से

यह किसी की नीम-ख़्वाब[4] आँखों का सहबा है करम
दिल मेरा आबाद है जिस दौलत-ए-बेदार[5] से

8

ख़ुद को शरर[6] शुमार किया और जल बुझे
इक शोला-रुख़[7] से प्यार किया और जल बुझे

इक रात में सिमट गई कुल उम्र-आरज़ू
इक उम्र इंतज़ार किया और जल बुझे

पिछले जनम की राख से ले कर नया जनम
फिर राख को शरार[8] किया और जल बुझे

---

1. अपने आप बनाए हुए 2. संवलित 3. हुस्न की बातें 4. अधजागी 5. जागती हुई दौलत
6. चिनगारी 7. अग्नि-जैसे लाल मुख वाली 8. चिनगारी

हम भी नसीब से जो सितारा-नसीब थे
सूरज का इंतज़ार किया और जल बुझे

जब तक दिये में तेल रहा रौशनी रही
ख़ून-ए-जिगर निसार किया और जल बुझे

हम रौशनी-ए-तबा[1] से शोला-फ़रोज़[2] थे
हर तीरगी[3] पे वार किया और जल बुझे

9

हज़ार लब लिये बोसे हज़ार जाँ चाहा
समेट कर उसे बाँहों में बेक़राँ[4] चाहा

निशात-ए-नीम-तबस्सुम[5] भी उन लबों को बहुत
जिन्हें शगुफ़्त-ए-मुहब्बत[6] ने गुलसिताँ चाहा

मह-ओ-नुजूम[7] भी गो दस्तरस[8] से दूर न थे
सरिश्त-ए-आदम-ए-ख़ाकी[9] ने ख़ाकदाँ[10] चाहा

किसे ख़बर कि सितारों पे क्या गुज़र जाए
अगर ज़मीन ने भी क़ुर्ब-ए-आसमाँ[11] चाहा

वो बदनसीब हूँ जिसका तेरी निगाहों ने
न एतिबार किया और न इम्तहाँ चाहा

तमाम उम्र परसतिश में कट गई सहबा
उसे ख़ुदा न कहा और बेगुमाँ[12] चाहा

---

1. बुद्धि की रौशनी 2. जल रहे थे 3. अँधेरा 4. अनंत 5. थोड़ा मुसकराने की ख़ुशी 6. प्रेम का विकास 7. चाँद और सितारे 8. पहुँच 9. मनुष्य की प्रकृति 10. संसार 11. आकाश की समीपता 12. नि:संदेह

10

जो मन में चाँदनी न छिटकती प्रेम की
धरती पे इक किरण न उतरती प्रेम की

ये राक्षस तो राख हैं हर युद्ध की आग में
जीती है देवताओं से शक्ति प्रेम की

इंद्र-सभा से बढ़ के है आशाओं की सभा
आकाश दान देती है धरती प्रेम की

कब हो सकी है दूर दिये से दिये की लौ
भगवान से अलग नहीं भक्ति प्रेम की

पत्थर न ख़ुद को जान कि कुछ पत्थरों में भी
देखी है हमने आग भड़कती प्रेम की

सहबा उसे स्वर्ग समझ कर तलाश कर
बसती है मन की ओट जो बस्ती प्रेम की

11

दिल-ए-हर-कृष्ण ने अर्जुन को जीता
वफ़ा हर दौर में लिखती है गीता

मिलेंगे अब भी बनबासी हज़ारों
नहीं किस राम के सीने में सीता

जनम सागर में अमृत के बजाय
जो शिव होता तो अब भी ज़हर[1] पीता

---

1. विष

हवस[1] को बस्ता-ए-ज़ंजीर-ए-ग़म[2] रख
खुला मत छोड़ ये ख़ूँख़्वार[3] चीता

पुजारी हूँ मैं जिस देवी का सह्बा
उसी का दान है मेरी कविता

रुबाइयात

गूँजा नहीं पायल का छनाका अब तक
बरसी नहीं नग़मात[4] की बरखा अब तक
आ जा कि तेरी बोलती सूरत के बग़ैर
चुप हैं मेरे ख़्वाबों के अजंता अब तक

है मिल के बिछड़ जाना मुहब्बत में पाप
सच है कि नहीं टूटता रूहों[5] का मिलाप
ऐ जाने-वफ़ा रातों की ख़ामोशी में
सुनता हूँ अभी तक तेरे क़दमों की चाप

इक रूह बहारों में पली याद आई
इक आग कविता में ढली याद आई
जब भी तुझे देखा, दिल-ए-आवारा[6] को
टैगोर की गीतांजलि याद आई

आँखें थीं कहाँ इतनी शराबी पहले
आरिज़[7] थे कहाँ इतने शहाबी[8] पहले
आईना ज़रा देखिए बोसों के बाद
क्या होंट थे इतने ही गुलाबी पहले

---

1. लालच 2. दुख की जंजीर में बाँध कर 3. ख़ून बहाने वाला 4. संगीत (बहुवचन) 5. आत्माओं 6. भटकता दिल 7. गाल, कपोल 8. सुर्ख़, लाल

अन्फ़ास[1] पे फूलों की महक छाई है
वो आग मेरी प्यास ने भड़काई है
जब लब से मिले लब तो हुआ ये एहसास
इक रूह मेरी रूह में दर[2] आई है

दोहे

अन्याय पलकों का झपकना, साँस का लेना पाप
पग फैलाए चाँदनी सोए, मैं देखूँ चुपचाप

बाँसुरी हाथ में पकड़े, मुँह पर छिड़के नीला रंग
सब ही कृष्ण बनें तो राधा नाचे किसके संग

अंतर्यामी के दर्शन को अंतरज्ञानी जाए
सहबाजी बनवास से कोई राम नहीं बन पाए

मन की आग बुझा सकती है कब सपनों की ओस
उसकी ओर नहीं जाना तो क्यों गिनते हो कोस

ज्ञान का सूरज डूब गया और फैल चली वो रात
अज्ञानी जिस रात में मारें हर दीपक पर हात[3]

मेरी तरह न होना चाहो, जो ज़ख़्मों से चूर
सोच के भूतनगर से रहियो बारह पत्थर दूर

लंका में रावण की शंका, घर में राम का डर
सीता बनकर नारी पाए, चैन न जीवन-भर

सारे जीवन आप मनाया अपने मन का सोग
सोच की आग में जल कर सीखा शब्दों का प्रयोग

---

1. साँसों 2. प्रवेश 3. हाथ

सहबाजी करने चले हैं उसके किनारे ध्यान
जिस सागर में डूब चुके हैं बड़े-बड़े गुणवान

गुरु-ग्रंथ की वाणियाँ पढ़ या गीता के श्लोक
क्यों तेरे नरक में देवता आएँ, छोड़ के इंद्रलोक

क़त्आत

आम करते नहीं ये ज़ख़्मों[1] को
दाग़ देते नहीं ये अपनों को
आदमी, आदमी-गज़ीदा[2] है
साँप डसते नहीं हैं साँपों को

तअस्सुब[3] के लबादे इस तरह से
हमारी रूह पर झूले हुए हैं
हमें गो याद हैं अपनी ज़बानें
मुहब्बत की ज़बाँ भूले हुए हैं

आज की ज़ुलमतों[4] से मत घबरा
सुब्ह-ए-फ़र्दा[5] के आफ़ताब को देख
फ़र्द[6] की उम्र-ए-मुख़्तसर[7] पे न जा
क़ौम की उम्र-ए-बेहिसाब[8] को देख

ज़लज़लों[9] की न दस्तरस[10] हो कभी
ऐ वतन तेरी इस्तक़ामत[11] तक
हम पे गुज़रें क़यामतें लेकिन
तू सलामत[12] रहे क़यामत तक

---

1. घाव 2. आदमी का डसा हुआ 3. पक्षपात 4. अँधेरों 5. आने वाली सुबह 6. व्यक्ति 7. अल्प आयु 8. अगणित आयु 9. भूकंपों 10. पहुँच 11. ठहराव, स्थिरता 12. सुरक्षित

ये गुल-ओ-बुलबुल[1] का अफ़साना[2] कहाँ
ये हसीं ख़्वाबों की नक़्क़ाशी[3] नहीं
है अमानत[4] क़ौम की मेरा क़लम
मेरा फ़न[5] लफ़्ज़ों[6] की अय्याशी[7] नहीं

अशआर

पिघलता क्यों नहीं सैलाब-ए-ग़म[8] से
अगर ये जिस्म[9] मिट्टी का बना है

ज़िन्दगी क्या जाने क्यों महसूस[10] होता है मुझे
तुझसे पहले भी हो जैसे ज़ह्र[11] ये चक्खा हुआ
अँधेरे ले गए साया भी छीन कर मेरा
निगल लिया मुझे तन्हाइयों के सह्रा[12] ने

वो जब देखे मेरी जानिब[13] समुंदर जैसी आँखों से
न उभरा जाए है मुझसे, न डूबा जाए है मुझसे

---

1. फूल और बुलबुल 2. कथा 3. चित्र खींचना 4. धरोहर 5. कला 6. शब्दों 7. भोग-विलास
8. दुखों की बाढ़ 9. शरीर 10. अनुभव 11. विष 12. जंगल, बियाबान 13. ओर